Alimentation cétogène

111 recettes cétogènes en moins de 20 minutes. Comprend un plan de préparation de repas de 14 jours pour les débutants.

Club de cuisine

Table des matières

Avant-propos

Le régime cétogène n'est pas encore très connu en Allemagne. Ce régime est comparable au régime pauvre en glucides, mais les glucides doivent être complètement éliminés du régime alimentaire dans le régime cétogène.

Ceux qui aiment manger du pain et des petits pains peuvent trouver de nombreuses idées de recettes dans l'un de nos livres de recettes sur la nutrition pauvre en glucides et surtout sur la cuisson pauvre en glucides. Cependant, comme pour tous les régimes, les experts ne sont pas particulièrement impressionnés par le régime cétogène.

Dans notre petit guide, nous voulons vous donner un aperçu de cette forme de nutrition. Bien sûr, nous avons beaucoup d'idées de recettes pour vous, qui s'adressent principalement aux gens qui travaillent et qui ont donc peu de temps pour cuisiner.

Le régime cétogène convient également à la pré-cuisson, ce qui signifie que vous cuisinez quelques jours à l'avance. Vous prenez une journée pour le faire, acheter ce dont vous avez besoin et préparer vos repas. De nombreux repas peuvent être congelés, en particulier les soupes, les plats de viande et de poisson. Cela vous fera gagner du temps. Notre petit guide vous explique comment cela fonctionne. Soyez curieux !

1. nutrition cétogène

Le régime cétogène est un régime sain et efficace pour tous ceux qui veulent perdre du poids. Contrairement à de nombreux régimes, le régime cétogène élimine le besoin de compter les calories ; vous n'avez qu'à modifier votre alimentation.

1.1 Introduction

Tout comme le régime pauvre en glucides, les glucides sont également évités dans le régime cétogène. Le renoncement aux glucides est la partie centrale de ce régime.

Nous savons que le corps humain a besoin d'hydrates de carbone pour son approvisionnement énergétique. En règle générale, nous fournissons à l'organisme des glucides sous forme de fruits, de céréales et de légumes. L'organisme convertit ces glucides en glucose et produit ainsi ses sources d'énergie. Ceux-ci sont particulièrement nécessaires au cerveau, qui a besoin d'hydrates de carbone pour fonctionner de façon optimale.

Le régime cétogène fournit beaucoup moins de glucides à l'organisme. Ceci est censé changer le métabolisme et mettre le corps en cétose.

Le corps puise alors son énergie dans les dépôts de graisse, ce qui entraîne la vidange de ses propres dépôts de graisse et la perte de poids du corps. Il s'agit donc d'une forme optimale d'alimentation, qui peut également être réalisée par des travailleurs sans aucun problème. Il est également intéressant de noter que l'effet dit yo-yo ne se produit pas parce qu'une grande quantité de protéines est fournie à l'organisme.

Il est important que vous consultiez votre médecin de famille avant de passer à la nutrition cétogène. La raison en est que tout le monde n'est pas adapté à ce changement de régime alimentaire. De plus, selon le portail d'information américain „U.S. News", le régime cétogène est difficile à maintenir. Les experts en nutrition ne sont pas très bons à cette forme de nutrition parce qu'ils craignent que l'alimentation ne soit déséquilibrée.

Même si les experts, comme pour toutes les formes de nutrition, ne sont pas d'accord, la nutrition cétogène a aussi des bienfaits pour la santé. Mais nous y reviendrons au chapitre 2.

1.2 Les quatre types de nutrition cétogène

Comme pour les autres formes de nutrition, il existe différents types de nutrition cétogène - il existe quatre types de nutrition cétogène. Nous aimerions vous les présenter brièvement ci-dessous.

1. La SKD ou kétogene-nutrition standard

   Ce type d'aliments repose sur des aliments naturels et accorde une attention particulière à la distribution correcte des macro-nutriments. En principe, les glucides ne sont pas interdits, mais réduits à moins de 50% de la nourriture. Les produits laitiers à haute teneur en matières grasses sont autorisés.

   Le SKD est un début optimal dans le régime cétogène et, parce que les glucides peuvent aussi faire partie du régime, une entrée facile.

   Cependant, les produits laitiers riches en matières grasses présentent également des inconvénients. Ces produits peuvent être fournis à l'organisme sans limitation, ce qui peut augmenter les lipides sanguins, mais peut également entraîner des réactions allergiques.

   La forme SKD convient aux débutants et en particulier aux personnes qui ont un poids corporel normal.

2. Nutrition cétogène méditerranéenne

   Comme son nom l'indique déjà, ce type de régime cétogène valorise un régime méditerranéen. Il se compose de légumes verts, d'herbes, de baies et d'acides gras insaturés présents dans les avocats, le poisson, les noix, les olives et les graines.

   Cette forme de nutrition cétogène est particulièrement adaptée aux personnes souffrant d'hypertension artérielle, mais aussi aux diabétiques et aux personnes en surpoids. De plus, selon les experts en nutrition, cette forme est le type de régime cétogène le plus nutritif.

L'inconvénient, cependant, est que la sélection des aliments qui font partie du régime méditerranéen est très limitée.

Le régime cétogène méditerranéen convient principalement aux personnes en surpoids, aux diabétiques et aux personnes souffrant d'hypertension, mais aussi à ceux qui sont avancés dans la nutrition cétogène.

3. Atkins régime modifié

La plupart des gens connaissent le régime Atkins ; cette forme de régime était et est toujours très populaire auprès des célébrités, en particulier les stars et starlettes à Hollywood. En principe, le régime modifié Atkins correspond au régime cétogène SKD avec une dif-férence ; dans le régime modifié Atkins, il n'y a pas de limite de calories et de protéines pour les aliments.

Il y a aussi des avantages avec cette troisième espèce. Ce régime est facile à mettre en œuvre, même pour les enfants, et constitue une bonne introduction pour les personnes qui ne mangent jamais vraiment à leur faim.

Là où il y a des avantages, les inconvénients ne sont pas loin. Le régime modifié d'Atkins se concentre sur la perte de poids, mais pas sur l'état de cétose. De plus, cette forme de nutrition met l'accent sur le contrôle de l'épilepsie.

Le régime modifié Atkins convient principalement à ceux qui ont des difficultés à commencer un nouveau régime. Cette forme de nutriti-on cétogène convient également aux enfants. Habituellement, les dif-ficultés de démarrage peuvent être surmontées en un mois ou deux.

4. Nutrition cétogène cyclique

Cette forme de nutrition cétogène est basée sur la forme classique, SKD. Cependant, il y a une différence, car le régime cétogène cy-clique permet de consommer des glucides soit après des activités intenses comme le sport, soit une fois par semaine dans le régime. Pour que les réserves de glucides de l'organisme se reconstituent.

Les avantages sont l'amélioration de la régénération ainsi que la simplification de la faisabilité. Le métabolisme de la leptine peut également être mieux contrôlé. Ceux qui optent pour cette forme d'alimentation cétogène peuvent améliorer considérablement leur comportement de sommeil, même en cas de stress chronique.

La cétose profonde n'est pas obtenue avec la forme cétogène cyclique de la nutrition. La raison en est le rejet sporadique de cétose, qui se produit lorsque des aliments riches en glucides sont consommés.

Le régime cétogène cyclique est particulièrement adapté aux sportifs, en particulier aux sportifs de compétition et aux culturistes. Mais aussi pour les personnes qui ont une vie quotidienne extrêmement active ou stressante et pour un groupe de personnes très minces.

1.3 Comment fonctionne la nutrition cétogène ?

L'objectif de la nutrition cétogène est de mettre l'organisme en état de cétose. Ceci est obtenu grâce à la forte réduction des glucides et à l'augmentation de l'apport en graisses saines.

Pour comprendre ces réactions du corps, nous entrons dans le monde de la biochimie. L'insuline est l'interrupteur central qui permet d'atteindre l'état de cétose. Si l'organisme ne reçoit que quelques glucides, la valeur de l'insuline va au sous-sol. L'insuline se défend en commençant la cétose dans le foie.

La fonction de l'insuline dans l'organisme est de transporter le sucre, la protéine GLUT-4. Les surfaces des cellules sont la cible du transport. Chez les athlètes, en particulier chez les athlètes de compétition, les glucides qu'ils sont autorisés à consommer dans un régime cétogène cyclique sont transportés directement dans les muscles. L'insuline n'est pas nécessaire ici. Les athlètes n'ont qu'un seul créneau horaire pouvant aller jusqu'à deux heures pour le transport. Si vous mangez des glucides pendant cette période, vous pouvez maintenir l'état de cétose ou l'interrompre seulement pendant une courte période de temps.

Il est important de savoir qu'il n'y a pas qu'un seul régime cétogène, mais plusieurs qui offrent des avantages et des inconvénients.

2. la santé

Le régime cétogène, à l'exception de certains inconvénients, est une forme d'alimentation saine. En même temps, il sert de régime alimentaire, ce qui conduit à un poids corporel sain. Cependant, la nutrition cétogène ne convient pas à toutes les personnes. Par conséquent, il ne faut pas tenter l'expérience avant d'en avoir parlé à son médecin.

D'une manière générale, la forme cétogène de l'alimentation ne convient pas à tout le monde et ne convient pas à tout moment. Lorsque vous modifiez votre alimentation, vous ne devriez jamais penser en termes généraux, mais en termes différenciés.

Le régime cétogène présente de nombreux avantages, mais passer à cette forme de nutrition pour toutes les personnes et le recommander à ce moment précis serait plus que négligent. Dans ce qui suit, nous montrons à qui s'adresse cette alimentation et qui devrait plutôt s'en tenir à un changement.

2.1 Qui n'est pas adapté au régime alimentaire

Commençons par le groupe de personnes qui ne devraient pas changer spontanément leur régime alimentaire pour le régime cétogène. Trop peu d'études sur la nutrition cétogène sont significatives. En outre, il n'existe pratiquement pas de valeurs empiriques.

Nous recommandons aux personnes qui relèvent des scénarios suivants de consulter leur médecin traitant ou leur naturopathe avant de modifier leur régime alimentaire et d'être accompagnées par ce médecin ou ce naturopathe lorsqu'elles modifient leur alimentation.

1. Les personnes souffrant d'insuffisance pondérale

    Le régime cétogène ne convient en aucun cas aux personnes dont l'IMC est inférieur à 18. Avec cette forme de nutrition, la teneur en matières grasses de l'organisme peut chuter encore plus, ce qui peut être le cas surtout au cours des premières semaines.

2. Pendant la grossesse

   Il n'y a aucun problème pour les femmes qui ont déjà commencé à manger des aliments cétogènes avant la grossesse, pourvu qu'elles le fassent bien.

   En même temps qu'une grossesse, le passage d'un régime conventionnel à un régime cétogène peut devenir problématique. Le corps s'ajuste pendant la cétose, mais un scénario peut survenir lorsqu'un bébé est en mouvement. Des études significatives pour cette situation font toujours défaut et aucun rapport d'expérience n'est disponible pour le moment.

   Si vous voulez changer votre régime alimentaire pour un régime cétogène et en même temps tomber enceinte, alors vous devriez d'abord et avant tout suivre les besoins de votre corps. Il est préférable de commencer un régime cétogène et de mettre de côté votre désir d'enfant pour le moment. Votre corps a donc suffisamment de temps pour s'habituer au changement.

3. Stress

   La routine quotidienne de travail est stressante aujourd'hui ; de nombreuses personnes souffrent déjà de stress chronique. Une situation de stress n'est pas un bon moment pour passer de la nutrition conventionnelle à la nutrition cétogène.

   Pour la plupart des gens aujourd'hui, le stress fait déjà partie de la vie normale. Beaucoup de gens parlent de stress positif et négatif ; les deux types de stress sollicitent le corps et le psychisme.

   Pendant le stress, l'organisme produit des quantités élevées de cortisol, d'adrénaline et de TNF-a qui bloquent la cétose. Ce n'est que lorsque le stress est maîtrisé que la nutrition cétogène peut conduire à la cétose.

4. Les problèmes de sommeil

   Les problèmes de sommeil et le stress ne vont pas nécessairement de pair, mais il y a toujours un lien. Un sommeil sain devrait durer

8 heures ; pour certaines personnes, 7 heures suffisent, d'autres ont besoin de plus de sommeil et ne sont réveillées qu'après 9 heures. Mais le sommeil ne doit pas durer moins de 6 heures par nuit. Si le sommeil est insuffisant, la cétose ne fonctionne pas correctement.

5. La digestion des graisses et de la bile

6. Ceux ayant des problèmes avec la bile et dont l'organisme ne peut faire face à la digestion des graisses doivent s'abstenir de suivre un régime cétogène. Le régime cétogène ne fournit pas seulement beaucoup de protéines à l'organisme, mais aussi de grandes quantités de graisse. Ce groupe de personnes devrait discuter avec le médecin pour savoir si le passage à une alimentation cétogène a un sens.

De plus en plus de gens ont des problèmes avec leurs glandes thyroïdiennes. Si la glande thyroïde est sous-active ou si la maladie auto-immune Hashimoto thyroïdite est présente, le régime cétogène est la mauvaise forme de nutrition.

Celui qui veut néanmoins suivre ce régime doit en discuter au préalable avec le médecin ou le naturopathe ; le patient doit également être examiné pendant le régime cétogène au moins une fois par mois pour les hormones thyroïdiennes, c'est-à-dire une fois par mois pour la prise de sang.

Dans un régime cétogène, le patient doit s'assurer qu'il consomme suffisamment d'iode, de vitamine B, de fer, de sélénium et d'acides gras oméga-3.

7. Foie

Le foie sera reconnaissant à l'homme lorsqu'il changera son alimentation traditionnelle pour une alimentation cétogène. C'est particulièrement le cas si le foie souffre déjà d'une cirrhose. Le régime cétogène peut rendre un bon service dans le dégraissage du foie.

Cependant, il est conseillé au patient d'aborder le passage à un régime cétogène lentement et exclusivement avec son médecin ou son praticien de santé naturelle. Lorsque vous préparez votre alimentation, vous devriez faire attention aux aliments qui contiennent beaucoup d'acides gras oméga-3, comme le poisson et les oufs. Beaucoup de légumes verts devraient aussi être sur la table tous les jours.

8. Athlètes

Pour les athlètes de compétition, le régime cétogène cyclique est approprié parce que l'athlète peut également manger des repas avec des glucides avec cette forme de nutrition.

9. Dogmatisme

Pour un certain nombre de personnes, la nutrition est devenue un substitut, en particulier une religion de substitution.

Le régime cétogène présente de nombreux avantages, mais il ne doit pas nécessairement déterminer toute la vie. Ceux qui changent leurs habitudes alimentaires et s'intéressent au régime cétogène ne devraient pas prendre tout cela au sérieux, mais comme une partie interchangeable. Il n'est pas logique de se concentrer uniquement sur la nutrition, en oubliant de vivre et de profiter de la vie.

10. Troubles de l'alimentation

Ceux qui souffrent de troubles de l'alimentation ne devraient pas se précipiter immédiatement vers le régime cétogène, mais commencer un régime avec des aliments sains et riches en glucides. Un régime qui inclut ces facteurs est le Paléo Nutrition.

Le régime cétogène peut également améliorer les troubles alimentaires. La raison en est une amélioration de la santé métabolique, de la pensée et de l'humeur.

Nous recommandons d'abord de maîtriser vos troubles alimentaires, puis d'entamer le régime cétogène.

11. Crampes menstruelles

La majorité des femmes ne se plaignent pas de crampes pendant leurs règles. Mais avec d'autres femmes, c'est différent ; leurs saignements sont irréguliers et pendant ce temps souffrent de diverses plaintes. Des saignements irréguliers peuvent également survenir pendant une cétose.

Nous recommandons celles qui ont déjà des crampes menstruelles et des règles irrégulières de s'abstenir.

12. En règle générale, il n'y a pas de problèmes de nutrition cétogène chez les enfants de moins de 10 ans. Cependant, nous ne recommandons pas une alimentation cétogène pour les jeunes de moins de 18 ans. Il est préférable pour les parents d'utiliser le régime Paléo, qui permet également les patates douces et autres aliments contenant des glucides.

    Le régime cétogène n'est recommandé que pour les enfants souffrant d'épilepsie ou de syndrome métabolique.

2.2. qui convient à l'alimentation

Même s'il n'y a pas un très petit groupe de personnes pour qui l'alimentation cétogène n'est pas recommandée, il y a encore beaucoup de personnes qui y conviennent.

1. Athlètes

    Si vous n'êtes pas un athlète de compétition, vous êtes apte à la forme cétogène de l'alimentation. Ce qui est intéressant, c'est que la combustion des graisses pendant la cétose atteint son apogée. Ils ont moins faim, mais ils ont une meilleure endurance, ce qui est aussi payant en entraînement de force.

2. Surpoids

    Il existe des études cliniques qui montrent que le régime cétogène peut donner d'excellents résultats chez les personnes en surpoids. En moyenne, les gens perdent jusqu'à un kilogramme par semaine, quel que soit le type de régime cétogène.

3. Diabète et syndrome métabolique

    Il existe également des études cliniques qui montrent que la nutrition cétogène améliore ces symptômes. Un régime cétogène prolongé améliore considérablement les symptômes des deux maladies. Cela va même si loin que, dans certains cas, la dose du médicament peut être considérablement réduite ou le médicament peut être arrêté.

4. Stress, pression pour performer

   Le stress et la pression pour performer sont étroitement liés. Dans la vie professionnelle, la pression de la performance est de plus en plus forte, le stress ne cesse d'augmenter ; les deux ont un effet sur la santé.

   La nutrition cétogène est une bonne option pour répondre à ces besoins. Pendant la cétose, la sensation de faim est réduite. En revanche, pendant la cétose, beaucoup d'énergie est libérée dans le cerveau, ce qui conduit à l'endurance et l'énergie dans le cerveau en termes de performance mentale, ce qui est si important dans la vie professionnelle quotidienne.

5. Il y a 100 ans, la nutrition cétogène faisait déjà partie du traitement de l'épilepsie. Il n'est donc pas étonnant que ce régime fasse aujourd'hui encore partie du traitement de l'épilepsie. Des études significatives ont été menées sur les effets positifs de la nutrition cétogène sur la thérapie.

6. Démence

   La maladie d'Alzheimer est la plus connue des maladies neurodégénératives ; de nombreuses personnes, surtout des personnes âgées, souffrent de cette maladie. La démence est causée par divers facteurs tels que les cellules du cerveau qui ne sont plus capables d'absorber suffisamment de glucose pour recevoir suffisamment d'énergie pour leur fonction. Même un stress énorme peut stresser les cellules nerveuses à tel point qu'elles ne peuvent plus y faire face. Actuellement, certains médecins appellent la démence diabète de type III.

   Il n'existe toujours pas d'études sur l'effet positif d'un régime cétogène sur le cerveau.

7. Grossesse

   Seulement si la grossesse se produit alors que la femme pratique déjà la nutrition cétogène depuis un certain temps, ceci peut également être poursuivi. Pour être absolument sûr, il est nécessaire de parler au gynécologue.

8. Les lipides sanguins et le cholestérol

   Un régime cétogène a un effet positif sur l'abaissement des lipides sanguins et du taux de cholestérol. Grâce à cette forme de nutrition, les taux normaux de lipides sanguins et de cholestérol sont atteints à long terme.

9. Inflammations chroniques

   Le régime cétogène a un effet positif uniquement lié aux aliments. Ceci est dû aux cétogènes, qui activent les signaux biochimiques dans l'organisme et ont eux-mêmes un effet antioxydant.

3. nutrition

Comme vous pouvez le constater, de nombreuses personnes peuvent bénéficier d'une alimentation cétogène. Vous pouvez également utiliser une variété d'idées de recettes de nos livres de recettes à faible teneur en glucides pour cette forme de nutrition, car le régime cétogène est une sorte de régime à faible teneur en glucides. En particulier, nous nous référons à notre livre Low Carb Baking, dans lequel vous trouverez de nombreuses recettes de pain et de petits pains conformes au régime cétogène.

3.1 Ce qui devrait rarement ou pas du tout figurer au menu

Le régime alimentaire d'un régime cétogène devrait rarement ou pas du tout inclure les aliments énumérés ci-dessous :

☐ Tous types de céréales (pâtes, pain, muesli, riz)

☐ les légumineuses comme les haricots, les lentilles, les pois chiches et les pois chiches

☐ Légumes-racines et légumes-tubercules

☐ Denrées alimentaires contenant du sucre

☐ Fruits, à l'exception des baies

☐ épices mélangées

☐ plats préparés

☐ produits diététiques

☐ boisson alcoolisée

3.2 Denrées alimentaires autorisées

Même si la liste des aliments qui devraient rarement ou pas du tout figurer au menu est longue, de nombreux aliments sont encore autorisés. Il s'agit notamment

☐ viande, aussi viande rouge, bacon, steak, volaille

☐ Poissons gras comme le saumon et le thon

☐ Tous les produits laitiers qui ne sont pas à teneur réduite en gras

☐ Oeufs

☐ Fruits à coque et graines

☐ Légumes à faible teneur en glucides

☐ Huiles saines telles que l'huile de noix de coco, l'huile d'olive, l'huile d'olive, etc.

☐ Epices

☐ Aromates

4e Préparation des repas

La préparation des repas est le nouveau nom de la précuisson ; une approche que nos grands-mères connaissaient déjà. Vous pouvez pré-cuisiner ou préparer plusieurs de nos idées de recettes. Pour les salades, verser la vinaigrette dans des contenants séparés et mélanger la salade et la vinaigrette avant de les manger.

La règle de base pour les salades est qu'elles peuvent être conservées au réfrigérateur pendant 2 à 3 jours. Par contre, les soupes peuvent être congelées sans problème ; au réfrigérateur, elles se conservent environ 3 jours. La viande et le poisson peuvent également être préparés pour les repas, soit en attente dans le réfrigérateur, soit congelés. Les plats de viande et de poisson peuvent se conserver jusqu'à 5 jours au réfrigérateur.

Notre proposition pour la préparation de repas à partir de notre monde de recettes :

préparatifs

Crème de soupe aux tomates (à conserver au réfrigérateur 2-3 jours)

Soupe Julian (se conserve au réfrigérateur de 2 à 4 jours)

Nouilles en verre précuites - durée de conservation jusqu'à 5 jours au réfrigérateur

Faire bouillir les oufs durs (se conserve jusqu'à 7 jours au réfrigérateur)

Poulet grillé (peut être congelé)

Précuisson des carottes (peut être congelée)

Rôti de boeuf (une partie pour le dimanche, le reste pour la 2ème semaine)

Semaine 1

Mardi :   Soupe julienne avec pain ou petits pains à faible teneur en glucides

Mardi :   Nouilles au bacon et aux œufs

Mercredi : Salade de volaille

Jeudi :   Poêle aux carottes

Vendredi :   Corned beef avec nouilles en verre

Samedi :   Jambon et pâtés impériaux

Dimanche : Crème de tomates, rôti de bouf et légumes

préparatifs

Faites cuire les choux de Bruxelles   (vous feriez mieux d'en cuire davantage et de congeler le reste, gardez-les dans le réfrigérateur.

congélateur jusqu'à 6 mois)
pain de viande

boulettes de viande   (peut être congelé)

Steaks de porc   (rôtis, à conserver jusqu'à 1 semaine au réfrigérateur, peuvent aussi être conservés au réfrigérateur). être congelés)

Semaine 2

Lundi :   Rosenkohlsuppe

Mardi :   Leberkäse, Salat

Mercredi :   Boulettes de viande farcies

Jeudi :   Steak de porc Floride

Vendredi :   Steak au thon

Samedi :   Sloppy Joe

Dimanche : Bœuf belge

5. le monde des recettes

Nous n'avons pas besoin de vous en dire trop sur la précuisson ; la plupart des gens qui travaillent font la précuisson. Nos idées de recettes sont cuites rapidement ; la plupart des plats sont prêts en moins de 15 minutes. Bien sûr, nous ne pouvons donner que des „temps approximatifs" car nous ne savons pas à quelle vitesse vous travaillez dans la cuisine. Nous ne pouvons que supposer que nous le sommes. Jetez un coup d'oeil à nos recettes et trouvez votre plat préféré. Profitez de la reprise.

5.1 Soupes

Une soupe est rapidement préparée, rassasiante et nutritive. Que ce soit à l'apéritif ou après le travail - avec la soupe, vous êtes rapidement satisfait.

soupe à la crème de tomate

Portions : 4

Temps requis : 18-20 minutes

Ingrédients

4 grosses tomates

½ Salade de concombres

4 cuillères à soupe de mélange d'herbes congelées hachées (estragon, persil, ciboulette)

4 cuillères à soupe de bouillon de viande clair

1 c. à thé de citron

purée de tomates

ketchup

paprika

crème aigre

poudre d'ail

une pincée de sucre au goût

<u>préparation</u>

1. Laver les tomates, les blanchir à l'eau bouillante, enlever la peau et les couper en gros morceaux.

2. Peler le concombre, le couper en morceaux.

3. Mettre le bouillon de viande dans une casserole et chauffer.

4. Ajouter les tomates et le concombre, porter à ébullition, puis retirer du feu et laisser reposer.

5. Ajouter la pâte de tomates et le ketchup et bien mélanger.

6. Assaisonner de citron et éventuellement de sucre.

7. Ajouter les herbes.

8. Ajouter la crème à la soupe, saupoudrer de paprika et garnir de persil.

soupe de poisson

Des portions :

Temps requis : 15 minutes

<u>Ingrédients</u>

1 paquet TK codjau

100 g de bacon

2 tomates

1 bâtonnet de poireau

1 oignon

2 jaunes d'œufs

½ Citron

750 ml de bouillon de viande clair

vin blanc

salin

poivron

<u>préparation</u>

1. Poireau propre, coupé en anneaux.

2. Eplucher l'oignon, hacher.

3. Blanchir les tomates à l'eau chaude, peler la peau, les couper en petits morceaux.

4. Décongeler légèrement le poisson, coupé en morceaux.

5. Laver et presser le citron.

6. Chauffer une poêle enduite, ajouter le bacon, sauter.

7. Ajouter les oignons et les faire revenir jusqu'à ce qu'ils soient dorés.

8. Ajouter les poireaux, la vapeur.

9. Ajouter le poisson au mélange de poireaux et d'oignons et mélanger.

10. Ajouter les tomates, mélanger.

11. Déglacer avec le bouillon de viande, porter à ébullition.

12. Mettre les jaunes d'œufs dans un bol, ajouter le vin blanc, mélanger, ajouter au bouillon, incorporer.

13. Retirer la cuisinière du feu, saler, poivrer et assaisonner de jus de citron au goût.

Soupe froide à la crème de tomate

Cette soupe peut être préparée la veille au soir et servie le lendemain. La soupe doit reposer au réfrigérateur pendant au moins 30 minutes.

Portions : 4

Temps requis : 18-20 minutes

<u>Ingrédients</u>

4 tomates

½ Salade de concombres

4 tasses de yogourt

4 c. à table d'aneth haché

4 c. à table de persil haché

4 c. à table d'estragon haché

4 c. à table de bouillon de viande clair froid

ketchup de tomates

ail

une pincée de sucre au goût

<u>préparation</u>

1. Blanchir les tomates à l'eau chaude, enlever la peau et les couper en huitièmes.

2. Peler, épépiner et hacher le concombre.

3. Mettre le yaourt dans un bol.

4. Ajouter le bouillon de viande et le ketchup, mélanger.

5. Ajouter l'ail, l'aneth, le persil, l'estragon et mélanger.

6. Ajouter les tomates et le concombre, bien mélanger.

7. Mettre la soupe au réfrigérateur.

soupe julienne

Portions : 4

Temps requis : 15-18 minutes

Ingrédients

500 g de tomates

1 oignon

750 ml de bouillon de viande clair

250 ml de vin rouge

½ TL persil haché

½ TL thym haché

salin

poivron

paprika

sauce Worcester

préparation

1. Blanchir les tomates avec de l'eau chaude, peler la peau, couper en dés.

2. Verser le bouillon de viande dans une casserole et porter à ébullition.

3. Eplucher l'oignon, hacher.

4. Ajouter les tomates et l'oignon au bouillon de viande chaud et mélanger.

5. Ajouter le vin rouge, mélanger.

6. Ajouter le persil, le thym et mélanger.

7. Assaisonner de sel et de poivre ; assaisonner au goût avec du paprika et de la sauce Worcester.

soupe de crabe

Portions : 2-3

Temps requis : 15 minutes

Ingrédients

1 boîte de soupe de crabe

125 ml de crème

1 verre de cognac

salin

préparation

1. Chauffer la soupe selon les instructions.

2. Ajouter le cognac, mélanger.

3. Mettre la crème dans un saladier, fouetter jusqu'à ce qu'elle soit semi-rigide à l'aide d'un batteur à main, en ajoutant du sel.

4. Étendre la soupe sur les tasses de soupe et garnir avec la crème.

Soupe aux choux de Bruxelles

Portions : 4

Temps requis : 15-20 minutes

Ingrédients

1 l de bouillon de viande clair

1 paquet de choux de Bruxelles surgelés

50 g de nouilles au verre

2 paires de saucisses viennoises

muscade

préparation

1. Préparer le bouillon de viande selon les instructions sur l'emballage.

2. Ajouter les choux de Bruxelles congelés.

3. Porter à ébullition.

4. Ajouter les nouilles en verre et mélanger.

5. Couper les saucisses en petits morceaux et les ajouter à la soupe.

6. Assaisonner de muscade.

Soupe verte

Portions : 4

Temps requis : 15-20 minutes

Ingrédients

1 laitue

1 jaune d'œuf

1 oignon de légumes

2 c. à table de beurre

2 c. à table de lait en conserve

2 c. à table de fromage râpé

salin

poivron

1 l de bouillon de viande clair

préparation

1. Eplucher l'oignon, hacher.

2. Laver la laitue, la couper en lanières.

3. Mettre le beurre dans une casserole à feu vif et chauffer.

4. Ajouter l'oignon et faire revenir jusqu'à ce qu'il soit jaune doré.

5. Ajouter la moitié de la laitue à l'oignon et faire revenir.

6. Déglacer avec le bouillon de viande et remplir.

7. Mettre le lait dans un bol.

8. Ajouter le jaune d'oeuf et le fromage, mélanger.

9. Ajouter le mélange d'oeufs et de fromage à la soupe.

10. Saler et poivrer.

11. Avant de servir, ajouter le reste de la laitue et mélanger.

5,2 Remplacement de nouilles

La plupart des nouilles sont composées de céréales, qui doivent être supprimées de l'alimentation dans le cas des régimes cétogènes. Nous avons utilisé alternativement des nouilles végétales et des nouilles en verre ; les nouilles de soja sont également adaptées à la nutrition cétogène.

Spaghetti aux courgettes

Portions : 1

Temps requis : 15-18 minutes

Ingrédients

700 g de courgettes

2 tiges de basilic

2 c. à table d'huile d'olive

2 cuil. à soupe de ger. parmesan

salin

poivron

préparation

1. Laver les courgettes et éplucher les spaghettis à l'aide d'un couteau en spirale.

2. Rincer le basilic, secouer pour l'égoutter, cueillir les feuilles, hacher.

3. Chauffer une poêle recouverte d'huile.

4. Ajouter les nouilles aux courgettes et faire sauter.

5. Saler et poivrer.

6. Mélanger avec le pesto et saupoudrer de parmesan et de basilic.

Nouilles en verre avec bacon et oeuf

Portions : 4

Temps requis : 18-20 min.

<u>Ingrédients</u>

500 g de nouilles au verre

200 g de lard entrelardé

2 jaunes d'œufs

1 ½ l bouillon de viande clair

125 ml de crème

salin

poivron

<u>préparation</u>

1. Couper le lard en petits morceaux.

2. Porter le bouillon de viande à ébullition.

3. Ajouter les nouilles en verre et cuire selon les instructions sur l'emballage.

4. Verser les pâtes finies dans un tamis et égoutter.

5. Chauffer une poêle enduite sans graisse.

6. Ajoutez le bacon, sautez.

7. Déglacer avec la crème.

8. Ajouter les jaunes d'œufs.

9. Saler et poivrer.

10. Bien mélanger. Aux nouilles, ça suffit.

Pot de nouilles cuites au four

Portions : 4

Temps requis : 18-20 minutes

Ingrédients

250 g de nouilles au verre

200 g d'épinards surgelés

4 tranches de fromage

3 c. à table de beurre

250 ml de crème

bouillon clair

salin

poivron

muscade

préparation

1. Préchauffer le four à 220 °C, graisser la cocotte.

2. Verser le bouillon de viande dans une casserole et porter à ébullition.

3. Ajouter les nouilles et préparer selon les instructions sur l'emballage.

4. Ajouter les épinards dans une autre casserole et cuire.

5. Mettre la crème dans un bol et assaisonner de sel, poivre et muscade.

6. Verser les pâtes et les épinards alternativement dans le plat à gratin.

7. Recouvrir de tranches de fromage.

8. Étendre les flocons de beurre sur le fromage, verser la crème sur le tout.

9. Mettre le plat au four et cuire au four pendant 10 minutes.

Nouilles de légumes au pesto

Portions : 1

Temps requis : 15 minutes

<u>Ingrédients</u>

1 avocat

1 gousse d'ail

2 courgettes

2 tomates cerises

½ Citron

½ Bouquet de basilic

100 g ger. parmesan

2 cuil. à soupe d'aller. pignons de pin

1 c. à table d'huile d'olive

salin

poivron

<u>préparation</u>

1. Laver les courgettes, les enlever à l'aide du couteau à spirale „Spaghetti".
2. Couper l'avocat en deux, dénoyauter, retirer la chair, mettre dans un bol.
3. Presser le citron, recueillir le jus, verser un peu de jus sur l'avocat.
4. Laver les tomates cerises, les couper en deux et réserver.
5. Chauffer une poêle enrobée, ajouter les pignons de pin, rôtir et réserver.

6. Laver le basilic, enlever les feuilles, hacher.

7. Eplucher l'ail, hacher.

8. Basilic. Ajouter les pignons de pin et le parmesan à l'avocat et mélanger.

9. Assaisonner de sel, poivre, ail et jus de citron au goût.

10. Bien mélanger et réduire en purée.

11. Verser l'huile dans une poêle enduite et chauffer.

12. Ajouter les nouilles aux courgettes et faire frire pendant 2 minutes.

13. Ajouter le pesto d'avocat, mélanger.

14. Saupoudrer de parmesan avant de servir.

15. Laver les tomates, les couper en deux et les étaler sur les pâtes avec les pignons de pin.

Nouilles en verre à la mozzarella

Portions : 2

Temps requis : 10 minutes

Ingrédients

250 g de nouilles au verre (alternative : nouilles de soja)

250 g de tomates cocktail

1 oignon

1 mesure de Mozzarella

basilic

huile d'olive

salin

poivron

préparation

1. Eplucher et hacher l'oignon.

2. Préparer les nouilles en verre selon les instructions sur l'emballage.

3. Rincer le basilic, secouer pour l'égoutter, cueillir les feuilles et les couper en petits morceaux.

4. Mettre l'huile d'olive dans une poêle et chauffer.

5. Ajouter l'oignon et faire suer.

6. Laver les tomates, les couper en deux.

7. Ajouter les tomates aux cubes d'oignons.

8. Saler, poivrer et poivrer.

9. Ajouter le basilic, mélanger.

10. Égoutter les pâtes et les ajouter au mélange de tomates et d'oignons.

11. Couper la mozzarella en dés, ajouter aux pâtes et mélanger.

Poêlée de nouilles aux courgettes

Portions : 2

Temps requis : 15-18 minutes

Ingrédients

2 courgettes

2 carottes

2 poivrons jaunes

2 poivrons oranges

1 tomate

150 g de champignons

1 tasse de crème fraîche

2 c. à table d'huile d'olive

salin

poivron

paprika

préparation

1. Courgettes, carottes de lavage, avec le processus de coupe en spirale à nouilles.

2. Nettoyer les poivrons, enlever les pépins, enlever l'écorce des fruits blancs et les couper en lanières à l'aide du couteau à spirale.

3. Réserver quelques lanières de poivre.

4. Lavez les tomates, coupez-les en morceaux.

5. Nettoyer et trancher les champignons.

6. Porter à ébullition une casserole d'eau salée.

7. Ajouter les nouilles aux carottes et cuire pendant 1 minute.

8. Ajouter le poivre et les nouilles de courgettes et cuire encore 3 minutes.

9. Verser les pâtes dans un tamis et égoutter.

10. Chauffer l'huile dans une poêle.

11. Ajouter le reste des lanières de poivre, dorer.

12. Ajouter les champignons, faire frire.

13. Ajouter la crème fraîche, remuer.

14. Assaisonner de sel, poivre, paprika.

15. Ajouter les nouilles au mélange de champignons, mélanger.

Zoodles au fromage

Portions : 2

Temps requis : 15-18 minutes

Ingrédients

2 courgettes

8 tomates cerises

100 g de Gorgonzola

1 c. à table de pignons de pin

5 c. à table d'huile d'olive

poivron

salin

préparation

1. Préchauffer le four à 180 °C, graisser un plat à four.

2. Lavez les tomates, coupez-les en quatre et répartissez-les dans la cocotte.

3. Saler, poivrer et poivrer.

4. Émietter le gorgonzola et l'étaler sur les tomates.

5. Saupoudrer les pignons de pin sur le tout.

6. Verser 4 cuillères à soupe d'huile sur le tout.

7. Mettre le plat au four, cuire au four pendant 8 minutes.

8. Laver les courgettes, les couper en spirales à l'aide du couteau à spirale.

9. Mettre 1 cuillère à soupe d'huile d'olive dans une poêle enduite et chauffer.

10. Ajouter les nouilles aux courgettes et faire frire pendant 2 minutes.

11. Saler et poivrer.

12. Garnir de tomates avant de servir.

Poêle à nouilles en verre avec mangue

Portions : 3

Temps requis : 18 minutes

Ingrédients

150 g de nouilles au verre

500 g de brocoli surgelé

200 g de poireau surgelé

1 boîte de mangue

1 oignon

1 tasse de crème

1 tasse de lait

3 c. à table d'huile d'olive

1 c. à table de curry

salin

1 c. à table de fécule de maïs

au choix : bouillon de légumes granulé

préparation

1. Préparer les nouilles en verre selon les instructions sur l'emballage.
2. Décongeler le brocoli et le poireau, égoutter.
3. Eplucher l'oignon, le couper en lanières.
4. Mettre l'huile dans une poêle et chauffer.
5. Ajouter l'oignon et le poireau et faire revenir jusqu'à ce qu'ils soient translucides.
6. Ajouter le brocoli, faire frire pendant 5 minutes.
7. Déglacer avec la crème et le lait.

8. Assaisonner de sel et de curry au goût.

9. Égoutter la mangue, la couper en petits morceaux et l'ajouter à la sauce.

10. Ajouter les nouilles, mélanger.

Nouilles vert-rouge

Portions : 2

Temps requis : 15-20 minutes

Ingrédients

2 carottes

2 échalotes

2 courgettes

2 petits poivrons jaunes

2 petits poivrons orange

1 piment rouge

1 boîte de tomates en morceaux

2 herbes EL TK

2 c. à table de pâte de tomates

1 c. à table d'huile d'olive

poivron

salin

préparation

1. Laver les poivrons, enlever les pépins, enlever l'écorce des fruits blancs, les couper en dés.

2. Eplucher et couper l'échalote en dés.

3. Laver, épépiner et hacher le piment rouge.

4. Verser l'huile dans une poêle enduite et chauffer.

5. Ajouter le paprika, l'échalote, le piment et faire revenir.

6. Laver les carottes, les peler si nécessaire.

7. Lavage de courgettes.

8. Transformer les carottes et les courgettes en nouilles à l'aide du couteau en spirale.

9. Ajouter les nouilles de légumes au mélange de poivrons et de piments et faire frire en remuant.

10. Ajouter les tomates en conserve et le jus.

11. Ajouter la pâte de tomates, mélanger.

12. Assaisonner de sel, poivre et fines herbes.

5,3 Viande, saucisse, volaille

La viande, la saucisse et la volaille peuvent apparaître en abondance dans le régime cétogène. Laissez-vous surprendre par nos idées de recettes !

Boulettes de viande farcies

Portions : 4

Temps requis : 15-20 minutes

Ingrédients

400 g de viande hachée mixte

200 g de nouilles au verre

100 g de jambon

2 œufs

1 oignon

½ bouquet de persil

3 cuillères à soupe de chapelure (alternative : chapelure)

Quelques lamelles de tomate-paprika (verre)

1 cuillère à café de poivre

salin

huile de colza

<u>préparation</u>

1. Eplucher et hacher l'oignon.

2. Rincez le persil, secouez, hachez.

3. Mettre la viande hachée dans un bol et ajouter l'oignon.

4. Ajouter les œufs et la chapelure.

5. Pétrir le tout jusqu'à l'obtention d'une pâte de viande lisse.

6. Saler et poivrer.

7. Diviser la pâte en huit portions, aplatir.

8. Couper le jambon en tranches et le déposer sur quatre assiettes de pâte.

9. Placer les assiettes de pâte de viande non enrobées sur les assiettes enrobées.

10. Cuire les pâtes selon les instructions sur l'emballage.

11. Mettre l'huile de colza dans une poêle enduite et chauffer.

12. Ajouter les boulettes de viande, les faire dorer des deux côtés.

13. Couper les boulettes de viande et les saupoudrer de persil.

14. Garnir les boulettes de viande avec les lanières de tomate-paprika et servir avec des nouilles.

Jambon et pâtés impériaux

Portions : 4

Temps requis : 10 minutes

<u>Ingrédients</u>

4 tranches de jambon cru

1 œuf

3 c. à soupe d'Emmentale râpé

1 c. à thé d'huile

salin

poivron

muscade

<u>préparation</u>

1. Mettre le fromage dans un bol.
2. Battre l'oeuf dans le bol et mélanger avec le fromage.
3. Assaisonner de sel, poivre et muscade.
4. Rouler le mélange en petites saucisses.
5. Enrouler une tranche de jambon autour de la saucisse au fromage.
6. Mettre l'huile dans une poêle enduite et chauffer.
7. Ajouter les saucisses au fromage, les faire dorer de tous les côtés.
8. Servir sur des feuilles de salade.

brochettes de saucisses

Portions : 4

Temps requis : 15 minutes

<u>Ingrédients</u>

200 g de saucisse cuite

10 tranches de bacon entrelardé

1 c. à table d'huile de colza

1 c. à thé de pâte de tomates

brochettes

<u>préparation</u>

1. Badigeonner les tranches de bacon de pâte de tomate.
2. Couper la saucisse en morceaux de 3 cm de large.
3. Répartir les tranches de saucisse sur les tranches de bacon.
4. Enroule-le, colle-le sur des brochettes.
5. Verser l'huile dans une poêle enduite et chauffer.
6. Ajouter les saucisses et les saucisses au bacon dans la poêle et faire frire jusqu'à ce qu'elles soient dorées.

saucisse de poireau

Portions : 4

Temps requis : 15-20 minutes

<u>Ingrédients</u>

8 saucisses viennoises

2 poireaux

3 c. à table d'huile de colza

1 c. à table de moutarde au raifort

1 c. à table de vinaigre

salin

poivron

<u>préparation</u>

1. Laver les poireaux, les couper en rondelles très fines.
2. Couper les saucisses en tranches.

3. Mettre le vinaigre et l'huile dans un bol et mélanger.

4. Ajouter la moutarde, le sel et le poivre et mélanger.

5. Placer les tranches de poireaux et de saucisses dans la marinade.

6. Laisser reposer 15 minutes.

CONSEIL

Il se marie bien avec une salade de tomates.

Tatare

Portions : 4

Temps requis : 10 minutes

Ingrédients

400 g de tartare

4 jaunes d'œufs

1 oignon

salin

poivron

paprika

ail

câpres

jus de citron

préparation

1. Mettez le tatar dans un bol.

2. Ajouter le jus de citron, pétrir.

3. Répartir sur les assiettes du tartare.

4. Presser un creux au milieu du Tatar, mettre le jaune d'oeuf dans le creux.

5. Servir le sel, le poivre, le paprika, l'ail et les câpres séparément.

pain de viande

Portions : 4

Temps requis : 10 minutes

Ingrédients

4 tranches de vêpres de pain de viande

4 œufs

4 tranches de pain à faible teneur en glucides

2 tomates

2 c. à table d'huile de colza

semoule

4 cornichons

Quelques feuilles de salade verte

persil

préparation

1. Mettre l'huile dans une poêle enduite et chauffer.
2. Retourner les tranches de pain de viande dans la farine.
3. Verser dans la poêle, frire.
4. Retirer le Leberkäse de la poêle et déposer chaque tranche sur une tranche de pain.
5. Transformer les œufs en œufs frits, les déposer sur le pain de viande.
6. Servir avec de la salade, des cornichons et des tomates.
7. Saupoudrer le persil entier.

CONSEIL

La salade de concombres va bien avec.

Jambon caché

Portions : 4

Temps requis : 15 minutes

Ingrédients

6 rouleaux à faible teneur en glucides

250 g d'emmental râpé

100 g de jambon cuit

50 g de mayonnaise

1 botte de persil

1 c. à thé de ciboulette

cari

poivron

préparation

1. Préchauffer le four à 250 °C, tapisser la plaque de papier sulfurisé.

2. Couper les rouleaux et retirer l'intérieur à l'aide d'une cuillère.

3. Couper le jambon en dés.

4. Rincez le persil, secouez, hachez.

5. Mettre le fromage et le jambon dans un bol et mélanger.

6. Ajouter la mayonnaise et le persil et mélanger.

7. Assaisonner au goût de poivre et de curry.

8. Verser le mélange dans les petits pains et étaler sur la plaque à pâtisserie.

9. Mettre la plaque au four et cuire au four pendant 12 minutes.

Saucisse de foie cuite à la vapeur

Portions : 4

Temps requis : 15 minutes

<u>Ingrédients</u>

200 g de saucisse de foie simple

3 c. à table de beurre

1 c. à thé de farine

du vin blanc

marjolaine

poudre d'oignon

paprika

<u>préparation</u>

1. Mettre le beurre dans une poêle et chauffer.
2. Ajouter la farine, faire un roux.
3. Ajouter la saucisse de foie au roux et mélanger.
4. Déglacer avec une forte dose de vin blanc.
5. Porter à ébullition à feu moyen.
6. Parfumer avec du paprika, de la poudre d'oignon et de la marjolaine.

roulé au bacon

Portions : 4

Temps requis : 15-18 minutes

<u>Ingrédients</u>

4 paires de saucisses viennoises

4 tranches de fromage

8 tranches de lard fumé

2 cuillères à café de moutarde

préparation

1. Couper les saucisses dans le sens de la longueur.

2. Couper le fromage en lanières.

3. Remplir les incisions de lanières de fromage.

4. Envelopper le tout dans du bacon, le coller en place avec une brochette ou un cure-dent.

5. Mettre la graisse dans une casserole, ajouter les saucisses et cuire.

6. Enrober de moutarde les tranches de bacon finies.

Corned beef avec nouilles au verre

Portions : 4

Temps requis : 18-20 minutes

Ingrédients

400 g de corned beef

300 g de nouilles au verre

8 tomates en conserve

3 oignons

2 cornichons

2 ½ l eau

6 cuillères à soupe de jus de tomate

40 g de margarine

1 c. à table de farine

salin

poivron

préparation

1. Couper le corned-beef en lanières.

2. Eplucher les oignons, hacher.

3. Couper les tomates en tranches.

4. Couper les cornichons en dés.

5. Verser 2 litres d'eau dans une casserole et porter à ébullition.

6. Ajouter les nouilles en verre et cuire selon les instructions sur l'emballage.

7. Verser les pâtes cuites et réserver au chaud.

8. Mettre la margarine dans une casserole et faire fondre.

9. Ajouter les oignons et les faire revenir jusqu'à ce qu'ils soient translucides.

10. Déglacer avec 4 cuillères à soupe de jus de tomate, remplir avec 250 ml d'eau.

11. Porter à ébullition.

12. Verser la farine dans un bol, ajouter le reste du jus de tomate et bien mélanger.

13. Ajouter le bouillon aux oignons et fouetter jusqu'à consistance lisse.

14. Ajouter les tomates et porter à ébullition à feu moyen.

15. Ajouter le corned-beef et le concombre. Laisser mijoter pendant 3 à 5 minutes sur une cuisinière chaude.

Brochettes de saucisses au fromage

Portions : 4

Temps requis : 18 minutes

Ingrédients

Quelques oignons argentés (verre)

200 g de saucisses de fête

4 carottes moyennes

4 tranches de bacon

100 g de fromage en un seul morceau

1 botte de persil

2 c. à table d'huile

<u>préparation</u>

1. Couper le fromage en dés.

2. Enrouler les tranches de bacon autour du fromage.

3. Lavez les carottes, coupez-les en morceaux.

4. Mettre sur une brochette les oignons argentés, la saucisse et le fromage au bacon ainsi que les carottes en alternance.

5. Mettre l'huile dans une poêle et chauffer.

6. Ajouter les brochettes et faire frire à feu moyen pendant 5 minutes.

Filet de boeuf à la Barbarossa

Portions : 4

Temps requis : 18-20 minutes

<u>Ingrédients</u>

4 filets de bifteck

4 c. à table d'huile de colza

2 c. à table de beurre aux herbes

4 tiges de persil frisé

salin

poivron

câpres

préparation

1. Rincer les biftecks, les sécher, les arroser d'un peu d'huile, saler et poivrer.

2. Mettre 3 cuillères à soupe d'huile de colza dans une poêle et chauffer.

3. Ajouter les steaks, faire frire jusqu'à ce qu'ils soient chauds, puis réduire le feu, cuire les steaks.

4. Enduire les steaks finis d'un peu d'huile de colza.

5. Ajouter du beurre aux herbes EL à chaque steak ½

6. Étendre les câpres sur les steaks.

7. Rincez le persil, secouez-le et décorez les steaks avec.

CONSEIL

Une salade mélangée pour aller avec.

Steak de porc à la Floride

Portions : 4

Temps requis : 18-20 minutes

Ingrédients

4 steaks de porc

4 tomates

1 cornichon

6 c. à table de ketchup

1 cuillère à soupe de sel

4 c. à table d'huile

poivron

paprika

moutarde

du persil frisé

préparation

1. Rincer les steaks, les sécher en tapotant, badigeonner d'huile.

2. Saler et poivrer.

3. Mettre 1 cuillère à soupe d'huile dans une poêle et chauffer.

4. Ajouter les steaks et cuire pendant 10 minutes.

5. Mettre le ketchup dans un bol.

6. Ajouter 5 cuillères à soupe d'huile et mélanger.

7. Assaisonner de sel, poivre, moutarde et paprika.

8. Remuer la sauce jusqu'à ce qu'elle soit lisse.

9. Laver et couper les tomates en quatre ; couper le cornichon en tranches dans le sens de la longueur.

10. Servir les steaks avec la sauce, les tomates et le concombre ; garnir de persil.

bœuf belge

La viande peut déjà être cuite la veille ; l'œuf peut aussi être cuit la veille.

Portions : 4

Temps requis : 15 minutes

Ingrédients

600 g de bœuf bouilli

1 œuf dur

1 cornichon

3 c. à table de vinaigre

2 c. à table d'herbes surgelées hachées

poivron

<u>préparation</u>

1. Couper la viande en tranches.

2. Peler l'œuf, le couper en petits morceaux.

3. Mettre l'huile, le vinaigre et le poivre dans un bol et mélanger.

4. Couper le concombre en petits dés et l'ajouter au mélange vinaigre-huile.

5. Servir la viande avec la sauce et garnir avec l'œuf haché.

Bifteck à la Pacifique

Portions : 4

Temps requis : 15-20 minutes

<u>Ingrédients</u>

4 Biftecks de bœuf

4 oignons

1 tomate ferme

quelques feuilles de laitue

6 c. à table de vin blanc amer

4 c. à table d'huile de colza

2 c. à table de poivre vert

salin

poivron

<u>préparation</u>

1. Couper le bord gras des steaks, tapoter les steaks un peu à plat.

2. Biftecks à l'huile, saler et poivrer.

3. Mettre l'huile dans une poêle et chauffer.

4. Ajouter les steaks, faire sauter pendant 3 minutes, puis laisser mijoter.

5. Peler les oignons, les couper en rondelles.

6. Ajouter l'huile dans une autre poêle et chauffer.

7. Ajouter les oignons et les faire revenir.

8. Déglacer avec le vin blanc, ajouter le poivre vert et cuire pendant 4 minutes.

9. Étendre la sauce au poivre sur les steaks et garnir de boîtes de tomates,

Vinaigrette Bifteck de bœuf

Portions : 4

Temps requis : 15-20 minutes

Ingrédients

4 Biftecks de bœuf

5 œufs durs

40 g de graisse pour la friture

2 c. à table de jus de citron

3 c. à table d'huile de colza

1 cuillère à café de moutarde chaude

2 tiges d'aneth

2 tiges de persil

2 tiges de ciboulette

2 c. à table de cerfeuil

poivron

salin

préparation

1. Rincez les steaks et essuyez-les à l'aide d'une serpillière.

2. Mettre la graisse dans une poêle et chauffer.

3. Ajouter les steaks, faire sauter.

4. Saler et poivrer.

5. vinaigrette

6. Peler les œufs, enlever les jaunes et les mettre dans un bol.

7. Rincez les herbes, secouez-les, hachez-les, ajoutez-les aux jaunes d'œufs.

8. Ajouter le jus de citron, la moutarde, le sel et le poivre et bien mélanger.

9. Hacher les blancs d'oeufs, les ajouter à la vinaigrette, mélanger.

10. Servir les biftecks avec la vinaigrette.

escalope de cerf

Portions : 4

Temps requis : 15-18 minutes

Ingrédients

8 escalopes de chevreuil fin

1 boîte de champignons hachés

2 c. à table d'huile de colza

salin

poivron

un peu de farine

du glutamate

paprika doux

1 pincée de crème

gingembre en poudre

préparation

1. Rincer l'escalope, l'assécher en tapotant, saler et poivrer, ajouter la farine.

2. Mettre l'huile dans une poêle et chauffer.

3. Ajouter l'escalope, faire frire les deux, retirer de la poêle et garder au chaud.

4. Verser les champignons dans une passoire, égoutter.

5. Ajouter les champignons à la graisse et chauffer.

6. Assaisonner de glutamate, de paprika et de gingembre.

7. Ajouter la crème, incorporer.

poulet au curry

Portions : 4

Temps requis : 18-20 minutes

Ingrédients

1 poulet frit

1 pomme

1 petite boîte de mandarines

1 petite boîte de cerises acides

25 g de beurre

1 sachet de sauce curry

cari

salin

poivron

vinaigre

<u>préparation</u>

1. Démonter le poulet, rincer brièvement les parties et sécher en tamponnant.

2. Peler la banane et la couper en tranches.

3. Peler la pomme, enlever le trognon et la couper en tranches.

4. Mélanger la sauce au curry avec un peu de liquide.

5. Mettre le beurre dans une casserole et chauffer.

6. Ajouter les fruits en conserve, les tranches de pommes et faire sauter pendant 2 minutes.

7. Ajouter la banane et faire revenir 2 minutes de plus.

8. Ajouter le poulet, verser la sauce au curry sur le tout, cuire.

9. Assaisonner de sel et de poivre, de curry et d'un filet de vinaigre au goût épicé.

Poulet au chou-fleur

Portions : 4

Temps requis : 17-20 minutes

<u>Ingrédients</u>

1 poulet rôti grillé prêt à l'emploi

1 chou-fleur

1 coin fromage fondu

250 ml de lait

2 paquets de sauce légère

2 c. à table de crème

salin

muscade

poivre blanc

un peu de persil congelé

préparation

1. Nettoyer le chou-fleur, le diviser en bouquets.
2. Verser l'eau dans une casserole, saler, porter à ébullition.
3. Ajouter le chou-fleur et cuire pendant 12 minutes.
4. Couper le poulet,
5. Mettre le lait et le bouillon de chou-fleur dans une casserole et chauffer.
6. Ajouter la sauce légère et remuer jusqu'à consistance lisse.
7. Ajouter le coin fromage et faire fondre.
8. Assaisonner de sel, de muscade et de poivre.
9. Affiner avec la crème.
10. Ajouter le poulet et le chou-fleur à la sauce et chauffer.
11. Saupoudrer de persil.

Cordon bleu

Portions : 4

Temps requis : 15-20 minutes

Ingrédients

4 steaks de veau

4 tranches d'Emmentaler

4 tranches de jambon cuit

40 g de beurre

moutarde

poivron

préparation

1. Rincez les biftecks, séchez-les en tapotant et coupez-les sur les côtés.

2. Étendre le poivre sur la viande coupée, assaisonner de poivre.

3. Ajouter une tranche de jambon et une tranche de fromage à la coupe.

4. Insérer le tranchant avec un cure-dent ou une brochette.

5. Mettre le beurre dans une poêle et chauffer.

6. Ajouter les steaks, les faire frire des deux côtés jusqu'à ce qu'ils soient chauds, puis laisser mijoter.

CONSEIL

Il se marie bien avec une salade verte ou un verre de cornichons mélangés.

escalope de dinde

Portions : 4

Temps requis : 15 minutes

Ingrédients

4 escalopes de dinde

4 c. à table de crème

1 c. à table de beurre

1 cube de bouillon pour bouillon de poulet

125 ml de vin blanc

salin

poivron

paprika

marjolaine

<u>préparation</u>

1. Rincer brièvement l'escalope de dinde, l'assécher en tapotant.

2. Mettre le beurre dans une poêle et chauffer.

3. Ajouter les escalopes, faire frire les deux côtés à feu vif, puis saler, poivrer et paprika.

4. Déglacer avec le vin blanc et porter à ébullition.

5. Ajouter les cubes de bouillon et la marjolaine, mélanger.

6. Affiner avec la crème.

foie de veau

Portions : 4

Temps requis : 10 minutes

<u>Ingrédients</u>

4 tranches de foie de veau

4 bananes

1 petite boîte d'ananas

1 c. à table de beurre

un peu de cognac

salin

poivron

<u>préparation</u>

1. Rincer le foie, sécher en tapotant.

2. Mettre le beurre dans une poêle et chauffer.

3. Ajouter les tranches de foie et faire frire des deux côtés.

4. Saler et poivrer.

5. Verser l'ananas dans un tamis, égoutter et mettre dans un bol.

6. Ajouter le cognac, mélanger.

7. Peler les bananes, les couper en deux.

8. Ajouter l'ananas et les bananes au foie et chauffer.

9. Servir le foie avec les fruits.

Steak au bacon

Portions : 4

Temps requis : 10-15 minutes

Ingrédients

4 steaks de surlonge

3 c. à table d'huile de colza

3 c. à table de pâte de tomates

125 ml de vin rouge

½ TL Poivre de Cayenne

½ TL Gingembre

ketchup

salin

origan

glutamate

préparation

1. La veille :

2. Mettre le vin rouge, l'huile, la pâte de tomate, le ketchup, le sel, le poivre de Cayenne, l'origan, le gingembre et le glutamate dans un récipient scellable et mélanger.

3. Rincez les steaks, essuyez-les, ajoutez-les à la marinade. Laisser reposer toute la nuit.

4. Le lendemain : Mettez l'

5. huile dans une poêle à frire et faites-la chauffer.

6. Ajouter les steaks, les faire frire des deux côtés.

7. Verser la marinade dans la poêle (NE PAS verser sur les steaks).

8. Faites cuire les steaks.

TIPP :

Accompagne bien la salade

steak de jambon

Portions : 4

Temps requis : 15 minutes

Ingrédients

4 tranches épaisses de jambon

4 tranches d'ananas

4 cerises cocktail

beurrer

préparation

1. Mettre le beurre dans une poêle et chauffer.

2. Ajouter les tranches de jambon, dorer.

3. Retirer du moule et déposer sur les assiettes préparées.

4. Ajouter les tranches d'ananas à la graisse, chauffer et placer sur le jambon.

5. Placez une cerise cocktail au milieu.

Escalope de dinde marinée

Portions : 4

Temps requis : 15-18 minutes

Ingrédients

4 escalopes de dinde

4 tranches d'ananas

4 Cerises au marasquin

1 œuf

1 oignon

40 g de beurre

6 c. à table d'huile de colza

1 sachet de sauce blanche

2 c. à table de persil congelé haché

6 cuillères à soupe de vin blanc

4 c. à table de farine

3 c. à table de flocons d'amandes

1 cuillère à soupe de sauce soja

salin

thym séché

poudre de romarin

poudre d'ail

poudre de moutarde

paprika

cari

préparation

1. La veille au soir :

2. Rincez l'escalope, essuyez-la par petites touches.

3. Eplucher l'oignon, le couper en tranches.

4. Verser 4 cuillères à soupe d'huile dans un récipient hermétique.

5. Ajouter l'oignon, la moutarde en poudre, le persil, le vin et la sauce soja et mélanger.

6. Placer les escalopes de dinde dans la marinade, fermer le récipient et laisser reposer.

7. Le lendemain :

8. Battre l'œuf dans une assiette creuse, fouetter et saler.

9. Ajouter la farine et les amandes dans une autre assiette et mélanger.

10. Rouler les steaks d'abord dans le mélange d'œufs, puis dans le mélange de farine d'amandes.

11. Mettez 2 cuillères à soupe d'huile dans une poêle.

12. Ajouter les steaks panés, faire sauter et cuire jusqu'à ce qu'ils soient dorés.

13. Ajouter le beurre dans une autre poêle et chauffer.

14. Ajouter l'ananas et cuire au four.

15. Disposer les steaks sur les assiettes et garnir de tranches d'ananas et de cerises.

16. Préparer la sauce selon les instructions sur l'emballage et servir avec les steaks.

Bacon avec nouilles en verre

Portions : 4

Temps requis : 18-20 minutes

<u>Ingrédients</u>

500 g de nouilles au verre

200 g de lard entrelardé

1 ½ l bouillon de viande clair

125 ml de crème

2 jaunes d'œufs

salin

poivron

<u>préparation</u>

1. Verser le bouillon de viande dans une casserole et porter à ébullition.
2. Ajouter les nouilles en verre et cuire selon les instructions sur l'emballage.
3. Verser les pâtes dans un tamis et égoutter.
4. Couper le bacon en dés.
5. Chauffer une poêle enduite, ajouter le bacon et le rôti.
6. Déglacer avec la crème et les jaunes d'oeufs, mélanger.
7. Saler et poivrer.
8. Aux nouilles, ça suffit.

Foie pané

Portions : 2

Temps requis : 15 minutes

<u>Ingrédients</u>

2 tranches de foie de porc

1 œuf

½ Salade de tête

1 c. à table de farine

1 c. à table d'huile de colza

chapelure

salin

poivron

préparation

1. Battre l'œuf dans une assiette profonde, saler et fouetter.

2. Verser la farine dans une autre assiette.

3. Rincer le foie, tamponner et assécher, poivrer.

4. Rouler le foie d'abord dans la farine, puis dans l'œuf, saupoudrer de chapelure.

5. Chauffer une poêle avec de l'huile, ajouter les tranches de foie et faire frire jusqu'à ce qu'elles soient dorées.

6. Assaisonner le foie avec du sel.

7. Laver la salade, essorer, étendre sur les assiettes.

8. Étendre les tranches de foie sur les feuilles de laitue.

9. Qui le souhaite peut garnir de tomates, de persil et de tranches de citron.

Steak de porc à la Normandie

Portions : 4

Temps requis : 15-20 minutes

Ingrédients

4 steaks de porc

8 oignons

8 pommes

3 c. à table d'huile de colza

2 c. à table de beurre

1 c. à table de farine

½ Calvados Shot Glass Calvados

salin

poivron

marjolaine

préparation

1. Rincer brièvement les steaks, les sécher, les badigeonner d'huile.

2. Mettre la farine dans une assiette et y retourner les steaks.

3. Saler et poivrer.

4. Mettre l'huile dans une poêle à frire et chauffer.

5. Mettre les steaks dans la poêle et les faire frire des deux côtés pendant six minutes.

6. Retirer de la poêle et réserver.

7. Peler les pommes, enlever les trognons et les couper en tranches.

8. Peler les oignons, les couper en rondelles.

9. Ajouter les pommes et les oignons avec la marjolaine dans la poêle à frire et faire revenir dans le beurre.

10. Verser le Calvados sur le mélange pomme/oignon, chauffer brièvement et répartir sur les steaks.

Foie avec oignons rouges

Portions : 2

Temps requis : 15 minutes

Ingrédients

300 g de foie de veau tranché finement

300 g d'oignons rouges

1 verre de vin blanc sec

1 bouquet de persil lisse

5 c. à table de crème fouettée

1 c. à table de beurre

salin

poivron

préparation

1. Rincer le foie, l'assécher en tapotant, le couper en lanières.
2. Eplucher les oignons, les couper en huitièmes.
3. Rincez le persil, secouez, hachez.
4. Mettre le beurre dans une poêle enduite et chauffer.
5. Ajouter l'oignon et faire revenir jusqu'à ce qu'il soit translucide.
6. Déglacer avec le vin blanc ; laisser bouillir un peu.
7. Ajouter les lanières de foie.
8. Saler et poivrer.
9. Cuire pendant 3 minutes avec la casserole ouverte.
10. Déglacer avec la crème.
11. Ajouter le persil et laisser mijoter 1 à 2 minutes.

Poulet sur légumes beurrés

Portions : 3

Temps requis : 10 minutes

Ingrédients

3 filets de poitrine de poulet congelés

1 paquet de légumes au beurre surgelés

1 sachet de sauce hollandaise

½ bouquet de persil

lubrifier

salin

poivron

préparation

1. Préchauffer le four à 200 °C, graisser légèrement un plat à four.

2. Décongeler les légumes beurrés et égoutter.

3. Rincez le persil, secouez, hachez.

4. Rincer les filets de poitrine de poulet, assécher en tapotant.

5. Mettre l'huile dans une poêle et chauffer.

6. Ajouter les filets, faire frire des deux côtés.

7. Saler et poivrer.

8. Placer les filets de poulet dans le plat de cuisson.

9. Étendre les légumes beurrés sur les filets.

10. Mélanger la sauce avec la hollandaise et verser sur les légumes.

11. Mettre le plat au four, gratiner.

12. Saupoudrer de persil haché.

poêle à dinde au paprika

Portions : 4

Temps requis : 15 minutes

Ingrédients

500 g de filets de poitrine de dinde

2 poivrons rouges

1 poivron jaune

1 botte d'oignons nouveaux

5 c. à table de ketchup

4 c. à table d'huile

1 c. à table d'origan séché

200 ml de crème

50 ml d'eau

salin

poivron

paprika doux

préparation

1. Rincez les filets de poitrine, séchez-les en tapotant et coupez-les en lanières.

2. Laver les poivrons, enlever les pépins, enlever l'écorce des fruits blancs, les couper en morceaux.

3. Eplucher les oignons nouveaux et les couper en rondelles, en traitant séparément la partie blanche et la partie verte.

4. Mettre l'huile dans une poêle enduite et chauffer.

5. Ajouter la poitrine de dinde, saisir fortement.

6. Ajouter les parties blanches à l'oignon et mélanger.

7. Ajouter le paprika.

8. Assaisonner de sel et de poivre, assaisonner au goût avec du paprika.

9. Saupoudrer sur tout l'origan.

10. Ajouter le ketchup et l'eau, déglacer avec la crème.

11. Laisser cuire 5 minutes.

12. Ajouter les parties vertes de l'oignon et mélanger.

Poêle à champignons avec dinde

Portions : 3

Temps requis : 15 minutes

Ingrédients

3 escalopes de dinde

250 g de champignons

1 oignon

½ botte d'oignons nouveaux

2 c. à table de crème fraîche à l'ail

Herbes de Provence

salin

poivron

lubrifier

250 ml de bouillon

préparation

1. Rincer la viande, la sécher en tapotant, la couper en lanières.

2. Nettoyer les champignons, les couper en morceaux.

3. Eplucher et hacher l'oignon.

4. Peler les oignons nouveaux et les couper en rondelles.

5. Mettre l'huile dans une poêle enduite et chauffer.

6. Ajouter la poitrine de dinde, faire sauter, saler et poivrer.

7. Retirer la viande de la poêle et réserver.

8. Ajouter l'oignon, l'oignon nouveau et les champignons dans la poêle et faire frire.

9. Déglacer avec le bouillon.

10. Laisser mijoter pendant 10 minutes.

11. Ajouter les herbes de Provence et mélanger.

12. Ajouter la viande, mélanger.

13. Ajouter la crème fraîche, incorporer en remuant.

14. Assaisonner au goût.

En provenance des USA : Sloppy Joe

Portions : 2

Temps de travail : 10 minutes + 30 minutes de cuisson

<u>Ingrédients</u>

500 g de viande hachée

½ Coupe Ketchup

1 c. à table de sirop d'érable

1 oignon

1 cuillère à soupe de sauce Worcester

1 c. à table de moutarde

1 c. à table de vinaigre

<u>préparation</u>

1. Eplucher et hacher l'oignon.

2. Chauffer une poêle enduite.

3. Ajouter la viande hachée, faire revenir.

4. Ajouter l'oignon, faire revenir.

5. Ajouter le ketchup, la moutarde, le vinaigre, la sauce Worcester et le sirop d'érable et mélanger.

6. Laisser cuire 30 minutes.

Poêle à poulet avec nouilles en verre

Portions : 2

Temps requis : 20 minutes

Ingrédients

250 g de poitrine de poulet

150 g de nouilles au verre

225 g de champignons bruns

1 gousse d'ail

½ botte d'oignons nouveaux

½ poivron rouge

200 ml de crème

1 c. à table de pâte de tomates

1 c. à thé de curry

1 cuillère à café de paprika doux

salin

poivron

oliveraie

préparation

1. Rincez les poitrines de poulet, séchez-les en tapotant et coupez-les en morceaux.

2. Laver les poivrons, enlever les pépins, enlever l'écorce des fruits blancs, les couper en dés.

3. Peler les oignons nouveaux et les couper en rondelles.

4. Champignons propres, quartier.

5. Préparer les nouilles en verre selon les instructions sur l'emballage.

6. Mettre l'huile d'olive dans une poêle et chauffer.

7. Ajouter la viande, frire.

8. Saler et poivrer.

9. Ajouter les oignons, les poivrons et les champignons, faire frire pendant 5 minutes.

10. Ajouter la moitié de la crème au mélange de viande et de champignons.

11. Ajouter le curry, la pâte de tomates et le paprika et porter à ébullition.

12. Peler l'ail et le presser dans un bol.

13. Ajouter le reste de la crème et mélanger.

14. Ajouter le mélange de crème à la viande et porter à ébullition.

15. Saler et poivrer.

16. Ajouter les nouilles cuites.

17. Laisser infuser encore 2 minutes.

poêle traditionnelle

Les haricots appartiennent à la poêle de campagne. Les haricots ne devraient pas être au menu de la nutrition catogène. Nous avons choisi le maïs comme alternative. Si vous le souhaitez, vous pouvez ajouter du maïs, des haricots rouges et des haricots blancs au lieu d'une boîte de maïs par personne ½

Lorsque les haricots sont ajoutés, le temps de cuisson augmente à 30 minutes.

Portions : 3

Temps requis : 18-20 minutes

Ingrédients

1 ½ Oignons

250 g de Cabanossi

1 boîte de maïs

2 œufs

½ TL Paprika

½ Bouillon de viande EL

salin

poivron

1 verre d'eau

préparation

1. Eplucher et hacher les oignons.
2. Dice Cabanossi.
3. Verser le maïs dans un tamis et égoutter.
4. Chauffer une poêle enduite.
5. Ajouter les oignons et les faire revenir jusqu'à ce qu'ils soient translucides.
6. Ajouter la saucisse, faire frire.
7. Ajouter le maïs et mélanger.
8. Assaisonner de sel, poivre et paprika.
9. Ajouter le bouillon de viande, mélanger.
10. Laisser mijoter.
11. Battre les oeufs, les ajouter au mélange de saucisses et de maïs, rôtir.

escalope

Portions : 2

Temps requis : 15-20 minutes

Ingrédients

2 escalopes de porc

1 chou pointu

1 oignon

1 pomme

1 botte de persil

2 c. à thé d'huile de colza

125 ml de bouillon de légumes

salin

poivron

muscade

préparation

1. Laver le chou pointu, le couper en lanières.
2. Verser le bouillon de légumes dans une casserole.
3. Ajouter le chou pointu et cuire à la vapeur pendant 8 minutes.
4. Assaisonner de muscade.
5. Eplucher et hacher l'oignon.
6. Eplucher et hacher la pomme.
7. Mettre 1 cuillère à café d'huile dans une poêle et chauffer.
8. Ajouter la pomme et l'oignon, faire revenir.
9. Déglacer avec le bouillon de légumes.

10. Saler et poivrer, retirer de la poêle et réserver.

11. Rincer l'escalope, l'assécher en tapotant, saler et poivrer.

12. Placer les escalopes dans la poêle chaude, faire frire.

13. Ajouter le mélange de pommes et d'oignons et cuire à la vapeur pendant 1 minute.

14. Rincez le persil, secouez, hachez.

15. Servir l'escalope avec le chou pointu, parsemer de persil.

poêle à carottes

Les carottes appartiennent à la famille des légumes-racines et ne devraient apparaître que rarement ou pas du tout au menu. Néanmoins, nous avons décidé de fournir également des recettes à base de carottes, afin que celles-ci soient également justifiées en tant qu'aliments rares.

Portions : 2

Temps requis : 15 minutes

Ingrédients

300 g de poitrine de poulet

3 carottes

200 g de nouilles (nouilles au verre, nouilles de soja)

3 c. à table de crème fraîche

1 c. à table d'huile

1 cuillère à soupe de persil

salin

poivron

cari

coriandre

50 ml de jus d'orange

préparation

1. Cuire les pâtes selon les instructions sur l'emballage.
2. Rincer la poitrine de poulet, l'assécher, la couper en morceaux.
3. Saler et poivrer.
4. Mettre l'huile dans une poêle et chauffer.
5. Ajouter la viande, faire sauter.
6. Carottes propres, grille.
7. Coriandre, curry sur la viande.
8. Déglacer avec le jus d'orange.
9. Ajouter les carottes, mélanger.
10. Laisser cuire 5 minutes.
11. Rincez le persil, secouez, hachez.
12. Ajouter les nouilles, mélanger.
13. Mélanger le persil et la crème fraîche, ajouter à la viande, incorporer.

ragoût de carottes

La plupart des ragoûts comprennent des pommes de terre, mais les pommes de terre ne sont pas souhaitables dans le régime cétogène. On a évité les nouilles de soja.

Portions : 2

Temps requis : 15-20 minutes

Ingrédients

250 g de goulasch de boeuf

250 g de nouilles de soja

1 oignon de légumes

250 g de carottes

2 c. à table d'huile

1 cuillère à café de bouillon de légumes

salin

poivron

Qui aime : 1 pincée de sucre

<u>préparation</u>

1. Rincer la goulasch, sécher en tapotant.

2. Carottes propres, en dés.

3. Cuire les pâtes selon les instructions sur l'emballage.

4. Eplucher et hacher l'oignon.

5. Mettre l'huile dans l'autocuiseur et chauffer.

6. Ajouter la viande, frire.

7. Ajouter l'oignon et faire revenir jusqu'à ce qu'il soit translucide.

8. Déglacer avec de l'eau.

9. Fermer la casserole et cuire pendant 15 minutes.

10. Laisser refroidir un peu le contenu de la casserole, saler et poivrer.

Champignons avec saucisse

Portions : 2

Temps requis : 18 minutes

<u>Ingrédients</u>

75 g de saucisse au paprika (chorizo)

250 g de champignons

2 gousses d'ail

½ oignon rouge

½ bouquet de persil

1 c. à table d'huile d'olive

½ Verre de vin blanc sec

salin

poivron

un peu de crème de balsamique

1 c. à table de jus de citron

préparation

1. Couper la saucisse en dés.

2. Nettoyer et trancher les champignons.

3. Couper l'oignon en demi-tranches.

4. Eplucher l'ail et le presser dans le pressoir.

5. ½ Mettre une cuillère à soupe d'huile d'olive dans une poêle enduite et chauffer.

6. Ajouter la saucisse, l'oignon et une gousse d'ail et faire frire jusqu'à ce que ce soit chaud.

7. Déglacer avec un peu de vin blanc, réserver.

8. Verser le reste de l'huile dans une autre poêle.

9. Ajouter les champignons, faire frire pendant 5 minutes.

10. Presser le reste de l'ail sur les champignons et mélanger.

11. Déglacer avec le reste du vin.

12. Assaisonner de sel et de poivre, assaisonner au goût avec du jus de citron et du vinaigre balsamique.

13. Ajouter le mélange de saucisses, mélanger et laisser reposer sur la plaque chauffante éteinte.

14. Rincez le persil, secouez, hachez, versez sur le mélange.

5.4 Œufs, fromage

Tranches de camembert

Portions : 4

Temps requis : 18-20 minutes

Ingrédients

250 g de camembert

100 g de jambon cuit

1 œuf

2 tranches d'ananas

2 c. à table de chapelure

2 c. à table de farine

2 c. à table d'huile de colza

1 cuillère à café de beurre

1 c. à thé de moutarde

préparation

1. Couper le camembert en 8 tranches (1 cm d'épaisseur).

2. Couper le jambon en lanières.

3. Badigeonner 4 tranches de fromage d'un côté avec la moutarde.

4. Mettre une tranche de jambon dessus.

5. Placer les tranches de fromage restantes sur les tranches et presser.

6. Verser la farine et la chapelure dans une assiette creuse et mélanger.

7. Verser l'œuf sur le mélange de farine et mélanger.

8. Enrober les tranches de camembert du mélange.

9. Mettre l'huile dans une poêle et chauffer.

10. Ajouter les tranches de fromage et faire revenir brièvement.

11. Égoutter le fromage.

12. Couper les tranches d'ananas en deux et les faire revenir dans la graisse de friture jusqu'à ce qu'elles soient légèrement dorées.

13. Servir le fromage avec l'ananas.

Pain grillé faible en glucides avec œufs

Portions : 4

Temps requis : 15-18 minutes

Ingrédients

4 tranches de pain grillé (faible teneur en glucides)

50 g de jambon cuit

4 œufs durs

2 tomates

4 tranches de fromage Chester

salin

poivron

ciboulette surgelée

préparation

1. Préchauffer le four à 175 °C, tapisser la plaque de papier sulfurisé.

2. Faire griller d'un côté.

3. Couper le jambon en dés.

4. Laver les tomates, les couper en tranches.

5. Peler les œufs, les couper en tranches.

6. Étendre le jambon, les tomates et les œufs sur le côté non grillé du toast.

7. Couvrir de fromage.

8. Étendre les pains grillés sur la plaque de cuisson, mettre la plaque au four, cuire au four pendant 8 minutes.

9. Saupoudrer de ciboulette sur le pain grillé.

Oeufs de Bâle

Portions : 4

Temps requis : 15 minutes

Ingrédients

8 œufs

4 tranches d'Emmentaler

3 c. à table de crème fouettée

1 c. à table d'huile de colza

salin

paprika

préparation

1. Mettre l'huile dans une poêle et chauffer.

2. Battre les œufs dans la poêle et saler.

3. Faire frire les oeufs comme des oeufs frits.

4. Une fois que le blanc d'œuf a pris, placer les tranches de fromage sur les œufs et faire fondre.

5. Déglacer avec la crème et assaisonner au goût avec le paprika.

Oeufs aux champignons

Portions : 4

Temps requis : 15-20 minutes

Ingrédients

8 œufs durs

8 têtes de champignons (verre, marinés au vinaigre)

1 c. à table de crème sure

1 cuillère à café de pâte d'anchois

poivron

persil congelé

préparation

1. Epluchez les oeufs, coupez le couvercle aux extrémités pointues.
2. Retirer délicatement le jaune d'œuf et le mettre dans un bol.
3. Ajouter la pâte d'anchois au jaune d'œuf.
4. Ajouter la crème sure et mélanger.
5. Assaisonner de poivre.
6. Placer les œufs à la verticale.
7. Verser délicatement le mélange jaune-crème dans les œufs.
8. Mettre une tête de champignon sur chaque œuf.
9. Saupoudrer de persil.

Ragoût d'oeufs aux crevettes

Le riz ne devrait pas ou seulement rarement être au menu, mais on peut faire une exception. Si vous ne le souhaitez pas, vous pouvez échanger du riz contre des nouilles en verre, bien que celles-ci ne forment pas un anneau stable.

Portions : 4

Temps requis : 18-20 minutes

Ingrédients

250 g de riz (alternative : nouilles au verre)

8 œufs

1 petite boîte de crevettes

1 sachet de sauce légère

1 cuillère à café de beurre

½ bouquet de persil

250 ml d'eau

salin

poivron

jus de citron

cari

préparation

1. Cuire le riz selon les instructions sur l'emballage.

2. Graisser un moule à jante de riz, presser le riz cuit dans le moule, tourner le moule vers le bas.

3. Faire bouillir les œufs durs, les éteindre, les peler.

4. Rincez le persil, secouez, hachez.

5. Préparer la sauce selon les instructions sur l'emballage.

6. Ajouter les crevettes à la sauce et chauffer.

7. Assaisonner de poivre et de sel, assaisonner au goût avec du jus de citron et du curry.

8. Couper les œufs en tranches et les ajouter à la sauce.

9. Verser le mélange de crabe et d'œufs dans le riz et saupoudrer de persil.

œufs au fromage

Portions : 4

Temps requis : 15-20 minutes

Ingrédients

8 œufs

200 g de Gouda râpé

100 g de bacon

1 bouquet de ciboulette

préparation

1. Préchauffer le four à 190 °C.
2. Répartir le bacon dans un plat allant au four.
3. Battre les œufs dans un bol, fouetter et ajouter au bacon.
4. Étendre le fromage sur l'ensemble.
5. Mettre le plat au four et laisser cuire pendant 18-20 minutes.
6. Rincez la ciboulette, secouez-la et coupez-la en petits pains.
7. Répartir la ciboulette sur les œufs au fromage.

5.5 Plats de poisson

Outre la viande, le poisson est le favori au menu d'un régime cétogène. Nous avons donc mis quelques recettes sur papier pour vous.

Thon caché

Portions : 2

Temps requis : 15 minutes

Ingrédients

2 rouleaux ronds à faible teneur en glucides

2 boîtes de thon à l'huile

25 g de beurre

1 petite boîte de champignons

2 c. à table de câpres

2 c. à table de jus de citron

1 c. à table de persil congelé haché

salin

poivron

préparation

1. Préchauffer le four à 225 °C, tapisser une plaque à pâtisserie de papier sulfurisé.

2. Couper les petits pains en deux, évider, tartiner de beurre, étaler sur la plaque, mettre la plaque au four, cuire au four pendant 10 minutes.

3. Placer le thon dans une passoire, égoutter et mettre dans un bol.

4. Mettez les champignons dans une passoire, égouttez-les, coupez-les en deux et ajoutez-les au thon.

5. Assaisonner de sel, poivre, jus de citron et câpres.

6. Bien mélanger le tout.

7. Verser le mélange dans les rouleaux chauds et saupoudrer de persil.

Plie pour les marins

Portions : 4

Temps requis : 18-20 minutes

Ingrédients

4 plie prête à cuire

2 c. à table d'huile

½ tasse de lait

semoule

salin

poivron

1 citron

persil congelé haché

<u>préparation</u>

1. Rincer brièvement la plie, l'assécher en tapotant et la mettre dans le lait.

2. Assaisonner le poisson avec du sel et du poivre, ajouter la farine.

3. Mettre l'huile dans une poêle et chauffer.

4. Ajouter la plie, cuire au four.

5. Laver le citron, le couper en tranches.

6. Garnir la plie finie de tranches de citron et de persil.

CONSEIL

Il se marie bien avec une salade verte.

Truite grillée

Portions : 4

Temps requis : 15-18 minutes

<u>Ingrédients</u>

4 truites congelées

2 c. à table d'huile d'olive

1 c. à table de beurre

1 c. à table de persil congelé haché

salin

poivron

semoule

jus d'un citron

<u>préparation</u>

1. Décongeler la truite.

2. Saler et poivrer l'intérieur et l'extérieur.

3. Saupoudrer le poisson d'un peu de farine.

4. Mettre l'huile dans une poêle et chauffer.

5. Frottez la truite avec le reste de l'huile, placez-la dans la poêle, mettez la poêle dans le gril, grillez à feu doux.

6. Répartir la truite finie sur les assiettes, arroser de persil et de jus de citron.

brochettes de poisson

Portions : 4

Temps requis : 18-20 minutes

<u>Ingrédients</u>

750 g de filet de poisson

6 tranches de bacon

1 poivron

4 tomates

6 c. à table d'huile

jus de citron

salin

poivron

semoule

ketchup

préparation

1. Couper le filet de poisson en morceaux.

2. Couper grossièrement le lard en dés.

3. Laver les tomates, les couper en gros morceaux.

4. Laver les poivrons et les couper en lanières.

5. Draper alternativement sur chaque brochette poisson, paprika, tomate, tomate, paprika, bacon, paprika, paprika.

6. Assaisonner les brochettes de sel et de poivre, saupoudrer de farine et arroser de jus de citron.

7. Mettre l'huile dans une poêle et chauffer.

8. Placer les brochettes dans la poêle et les frire jusqu'à ce qu'elles soient dorées tout en les tournant constamment.

9. Étendre le ketchup sur les brochettes terminées.

Filet de poisson aux herbes

Portions : 4

Temps requis : 15-20 minutes

Ingrédients

4 filets de poisson

4 baies de genévrier

1 oignon

200 g de fromage blanc

500 ml de vinaigre

500 ml d'eau

125 ml de lait

2 c. à table de sauce chili

1 cuillère à café de jus de citron

laurier

1 cuillère à soupe d'herbes mélangées TK

salin

poivron

feuilles de salade

préparation

1. Eplucher l'oignon, le couper en rondelles.

2. Rincer le poisson, le sécher en tamponnant.

3. Faire un bouillon avec de l'eau, du vinaigre, des baies de genièvre, du laurier et de l'oignon, verser dans une casserole et porter à ébullition.

4. Ajouter les filets de poisson et cuire pendant 15 minutes.

5. Mettre le lait et le caillé dans un bol et mélanger.

6. Assaisonner d'herbes, sel, poivre, sauce chili, mélanger.

7. Ajouter le jus de citron et mélanger.

8. Rincer les feuilles de laitue, tamponner et remplir un bol avec.

9. Étendre les filets de poisson sur les feuilles de laitue et y verser la marinade.

Saumon sur chou chinois

Portions : 2

Temps requis : 18-20 minutes

Ingrédients

200 g de saumon fumé

350 g de chou chinois

150 g de crème fraîche

1 oignon

1 citron

4 c. à table d'aneth

1 c. à table d'huile d'olive

1 cuillère à soupe de moutarde chaude

1 cuillère à café de poivre noir

1 c. à thé de curcuma

salin

préparation

1. Eplucher l'oignon, hacher.
2. Presser le citron, recueillir le jus.
3. Laver le chou chinois, le couper en lanières.
4. Mettre l'huile dans une poêle enduite et chauffer.
5. Ajouter l'oignon et faire revenir jusqu'à ce qu'il soit translucide.
6. Déglacer avec le jus de citron.
7. Ajouter la moutarde, remuer.
8. Ajouter la crème sure, remuer.
9. Ajouter le chou chinois et couvrir la casserole d'un couvercle.
10. Laisser mijoter 5 minutes.
11. Rincer l'aneth, secouer pour l'égoutter, cueillir les feuilles, hacher.
12. Couper le saumon en bouchées.
13. Ajouter le saumon au chou chinois et mélanger.

14. Ajouter l'aneth, mélanger.

15. Assaisonner de sel, poivre et curcuma.

16. Laisser mijoter encore trois minutes.

matjes

Portions : 4

Temps requis : 18-20 minutes

<u>Ingrédients</u>

8 filets matjes

100 g de cornichons (verre)

200 g de crème fraîche

1 botte de radis

1 paquet de fûts TK coupés en TK

200 ml de crème

salin

poivron

<u>préparation</u>

1. Lavez le poisson, essuyez-le et coupez-le en petits morceaux.

2. Nettoyer et couper les radis en dés.

3. Égoutter brièvement les concombres, les couper en dés.

4. Décongeler la ciboulette.

5. Mettre la crème sure dans un bol, ajouter le poisson, le radis, le concombre et la ciboulette et mélanger.

6. Fouetter la crème jusqu'à ce qu'elle soit ferme.

7. Ajouter la crème au mélange de poisson.

8. Saler et poivrer.

darne de thon

Portions : 2

Temps requis : 15-18 minutes

Ingrédients

2 darnes de thon

1 citron

1 ½ c. à table fromage à la crème

1 c. à table de jus de citron

1 c. à table de parmesan râpé

2 c. à thé de chapelure

ail

salin

poivron

thym séché

préparation

1. Mettre le fromage à la crème dans un bol.

2. Ajouter le parmesan et le thym et mélanger.

3. Assaisonner au goût avec du sel et du poivre, de l'ail et du jus de citron.

4. Chauffer une poêle enduite.

5. Ajouter les darnes de thon et faire frire jusqu'à ce qu'elles soient chaudes.

6. Placer les steaks dans un plat ignifuge et verser le mélange de fromage à la crème sur les steaks.

7. Cuire au four dans le gril pendant 6 minutes.

8. Couper le citron en tranches et garnir les steaks de ces tranches.

Maquereau sur du pain grillé à faible teneur en glucides

Portions : 2

Temps requis : 15 minutes

Ingrédients

4 tranches de pain grillé (faible teneur en glucides)

2 tranches de pain grillé au fromage

1 petite boîte de maquereau

1 tomate

1 oignon

20 g de beurre

salin

1 c. à table d'aneth haché (TK)

préparation

1. Griller le pain légèrement rôti, le tartiner de beurre.
2. Laver la tomate, la couper en tranches et l'étaler sur les toasts.
3. Égoutter le maquereau et le déposer sur les tomates.
4. Eplucher l'oignon, le couper en rondelles et l'étaler sur le poisson.
5. Placer les tranches de fromage en diagonale sur les pains grillés.
6. Placer les pains grillés sur le gril ou au four préchauffé, griller brièvement.

5,6 Légumes

Les légumes sont bons pour la santé et devraient faire partie du menu quotidien. Toutefois, profitez des offres de légumes de saison et, si possible, passez à l'agriculture biologique.

Paprika espagnol

Portions : 4

Dépense de temps :

<u>Ingrédients</u>

4 poivrons

250 g de fromage blanc faible en gras

200 g de fromage à la crème

1 verre d'olives vertes espagnoles fourrées

Quelques lanières de poivrons à la tomate (bocal)

4 cuillères à soupe de vin blanc

1 cuillère à café de sel

½ bouquet de persil

poivron

<u>préparation</u>

1. Laver les poivrons, couper le couvercle avec l'extrémité de la tige.
2. Enlevez les pépins du paprika et de l'écorce des fruits blancs.
3. Mettre le fromage et le caillé dans un bol et mélanger.
4. Ajouter le vin blanc et mélanger à l'aide d'un batteur manuel pour obtenir un mélange lisse.
5. Saler et poivrer.
6. Couper les olives en tranches.
7. Rincez le persil, secouez, hachez.
8. Placer les tomates poivrons dans une passoire et égoutter.
9. Ajouter les olives, le persil et les piments tomates au mélange fromage blanc et mélanger.

10. Remplir les poivrons du mélange, poser le couvercle sur les poivrons et garnir de persil.

asperges en aspic

Portions : 4

Temps requis : 18-20 minutes

Ingrédients

500 g d'asperges cuites

4 tranches de jambon cuit

2 tomates

1 orange

1 sachet de gélatine

125 ml de vin blanc

125 ml de bouillon de viande clair

1 c. à table de beurre

salin

préparation

1. Graisser le moule de la boîte.

2. Presser l'orange, recueillir le jus.

3. Ajouter la gélatine au jus d'orange et dissoudre.

4. Verser le vin dans une casserole et chauffer.

5. Ajouter le vin chaud avec le bouillon de viande à la gélatine et mélanger.

6. Assaisonner de sel.

7. Verser le mélange dans la boîte jusqu'à ce que le fond atteigne 1 cm de haut.

8. Faites pivoter le moule de façon à ce que les parois soient recouvertes de gélatine.

9. Couper le jambon en lanières.

10. Laver et trancher les tomates.

11. Dans le moule, alterner les couches d'asperges, de jambon et de tomates.

12. Verser le reste de la gélatine sur le tout.

13. Placer le moule au réfrigérateur et laisser solidifier le mélange.

CONSEIL

Ce plat peut être préparé la veille au soir et servi le lendemain comme déjeuner avec une salade ou un dîner.

Gratin de chou chinois au gratin

Portions : 4

Temps requis : 18-20 minutes

Ingrédients

2 plantes vivaces Chou chinois

2 oignons

60 g de margarine

3 c. à table de fromage râpé

2 c. à table de persil haché

1 l de bouillon de viande clair

125 ml de crème sure

salin

préparation

1. Nettoyer et couper le chou chinois en quatre.

2. Eplucher les oignons.

3. Verser l'eau et le sel dans une casserole et porter à ébullition.

4. Ajouter le chou chinois et les oignons entiers et cuire.

5. Préchauffer le four à 175 °C, graisser un plat à four.

6. Mettre la crème dans un bol, ajouter le fromage et mélanger.

7. Couper la margarine en flocons.

8. Sous forme de feuilles de chou, alterner les feuilles de chou, le mélange crème-fromage et la couche de flocons de margarine.

9. Placer le plat au four et cuire au four jusqu'à ce qu'il soit doré.

Carottes à la crème au fromage

Portions : 4

Temps requis : 18-20 minutes

Ingrédients

1 kg de carottes

4 tranches de fromage

2 tranches de lard fumé

1 sachet de sauce légère

1 c. à table d'huile de colza

1 oignon

250 ml de lait

salin

muscade

paprika

Au goût : une pincée de sucre

préparation

1. Laver les carottes, les couper en deux et les couper en deux.

2. Eplucher et hacher l'oignon.

3. Couper le fromage en dés.

4. Couper le bacon en tranches.

5. Mettre le beurre dans une casserole et le laisser fondre.

6. Ajouter l'oignon et le bacon et faire revenir.

7. Ajouter les carottes, mélanger.

8. Déglacer avec 2 tasses d'eau.

9. Assaisonner de sel et de sucre.

10. Couvrir la casserole d'un couvercle et cuire pendant 15 minutes.

11. Verser le lait dans un bol, ajouter la sauce légère et remuer jusqu'à consistance lisse.

12. Ajouter la sauce avec le fromage aux carottes et porter à ébullition.

13. Assaisonner au goût avec du sel, du poivre et de la muscade.

légumes pour pâtes

Portions : 1

Temps requis : 15 minutes

Ingrédients

50 g de nouilles au verre ou de nouilles de soja

200 g de champignons

75 g de poitrine de poulet

50 g de pousses de bambou tranchées

20 ml de lait

salin

poivron

sauce de soja

paprika

huile d'olive

<u>préparation</u>

1. Nettoyer et trancher les champignons.

2. Verser l'huile dans une poêle enduite et chauffer.

3. Ajouter les champignons et assaisonner de sel, poivre et paprika.

4. Ajouter les nouilles, mélanger.

5. Rincer la viande, la sécher en tapotant et la couper en petits morceaux.

6. Ajouter les pousses de bambou et la viande et cuire.

7. Déglacer avec du lait.

8. Assaisonner au goût avec la sauce soja.

piment

Le chili comprend habituellement des haricots rouges, mais ceux-ci ne dev-raient pas figurer au menu d'un régime cétogène. C'est à vous de décider si vous ajoutez une boîte de haricots rouges ou si vous préférez utiliser 2 boîtes de maïs.

Portions : 4

Temps requis : 18-20 minutes

<u>Ingrédients</u>

2 boîtes de maïs (poids de remplissage : 285 g chacune)

2 échalotes

3 gousses d'ail

10 champignons

6 tomates cerises

2 poivrons

4 c. à table d'huile de colza

3 c. à table de pâte de tomates

1 c. à table de beurre

1 cuillère à café de romarin séché

½ TL paprika doux noble TL

flocons de piment

1 cuillère à soupe de persil congelé

salin

poivron

préparation

1. Eplucher les échalotes et les couper en dés.
2. Laver les poivrons, enlever les pépins, enlever l'écorce des fruits blancs, les couper en dés.
3. Eplucher l'ail, hacher.
4. Champignons propres, quartier.
5. Laver et couper les tomates en quatre.
6. Décongeler le persil.
7. Placer le maïs dans une passoire, égoutter.
8. Mettre l'huile dans une casserole à feu vif et chauffer.
9. Ajouter le beurre.
10. Ajouter les échalotes et l'ail et faire revenir jusqu'à ce qu'ils soient translucides.

11. Ajouter la pâte de tomates, faire frire.

12. Ajouter les champignons et faire revenir en remuant.

13. Ajouter le maïs, mélanger. (Qui veut admettre les haricots rouges, devrait le faire avec le maïs).

14. Ajouter le romarin, bien mélanger.

15. Réduire le feu.

16. Ajouter les tomates et les poivrons et laisser mijoter 4 minutes.

17. Saler, poivrer, assaisonner de paprika et de flocons de piment au goût.

18. Saupoudrer de persil.

hommes

Portions : 1

Temps requis : 15 minutes

Ingrédients

1 poivron rouge

1 poivron jaune

1 poivron vert

1 oignon

1 tomate

2 œufs

2 c. à table d'huile d'olive

salin

poivre noir

préparation

1. Eplucher l'oignon, hacher.

2. Laver les poivrons, enlever les pépins, enlever l'écorce des fruits blancs, les couper en morceaux.

3. Verser de l'eau chaude sur les tomates, enlever la peau, enlever les graines.

4. Mettre l'huile dans une poêle et chauffer.

5. Ajouter l'oignon et un peu de sel et faire revenir jusqu'à ce qu'ils soient translucides.

6. Ajouter le paprika, faire frire.

7. Ajouter la tomate et laisser mijoter.

8. Si le jus de tomate ne suffit pas, ajoutez de l'eau.

9. Saler et poivrer.

10. Laisser mijoter jusqu'à évaporation complète du liquide.

11. Verser les oeufs sur le tout, laisser vaciller.

gratin de tomates

Portions : 2

Temps requis : 18-20 minutes

Ingrédients

250 g de fromage de brebis doux

150 g de tomates cerises

1 oignon nouveau

1 piment rouge

1 gousse d'ail

½ bouquet de persil lisse

5 c. à table d'huile d'olive

2 c. à table de vinaigre balsamique

préparation

1. Préchauffer le four à 250 °C ou griller, graisser légèrement un plat réfractaire.

2. Couper le fromage en tranches.

3. Couvrez le moule avec les tranches de fromage comme des briques.

4. Piquer les tranches de fromage avec un cure-dent.

5. Laver les tomates, les couper en tranches et les étaler sur le fromage.

6. Eplucher l'oignon, hacher.

7. Rincez le persil, secouez, hachez.

8. Eplucher l'ail, le hacher finement.

9. Laver le piment, épépiner et couper en rondelles.

10. Étendre l'oignon, le persil, l'ail et le piment sur les tomates.

11. Mettre l'huile d'olive dans un petit bol.

12. Ajouter le vinaigre balsamique, remuer.

13. Étendre le mélange sur l'ensemble.

14. Placer le plat au four ou sur le gril, cuire au four pendant 7 minutes.

épinards en crème

Portions : 2

Temps requis : 15 minutes

Ingrédients

1 paquet d'épinards à la crème glacée

4 tomates

4 œufs

4 c. à table de crème

salin

poivron

muscade

huile d'olive

préparation

1. Décongeler les épinards à la crème et cuire selon les instructions sur l'emballage.

2. Assaisonner de sel et de muscade.

3. Battre les œufs dans un bol, fouetter.

4. Ajouter la crème et remuer jusqu'à ce qu'elle devienne mousseuse.

5. Assaisonner de sel, poivre et muscade.

6. Faire cuire deux omelettes avec le mélange d'œufs.

7. Laver et trancher les tomates.

8. Mettre l'huile dans une poêle et chauffer.

9. Ajouter les tomates, faire frire.

10. Saler et poivrer.

11. Servir les tomates avec la crème d'épinards et les omelettes.

5,7 Salades

Les salades sont toujours un repas de bienvenue. Nos recettes de salades peuvent également être considérées comme des repas complets, car elles sont de bons saturateurs et rapides à préparer.

Chou chinois aigre-doux

Portions : 4

Temps requis : 18-20 minutes

Ingrédients

1 chou chinois vivace

1 poivron rouge

1 pomme sure

1 cornichon

2 c. à table de lait en conserve

6 c. à table de mayonnaise

de la sauce Worcester

salin

poivre blanc

Au goût : une pincée de sucre

préparation

1. Laver et hacher le chou chinois.

2. Laver la pomme, en dés.

3. Laver les poivrons, enlever les pépins, enlever l'écorce des fruits blancs, les couper en morceaux.

4. Couper le concombre en tranches.

5. Mettre le lait en conserve dans un bol, ajouter la mayonnaise et mélanger.

6. Assaisonner de sel, poivre, sucre et sauce Worcester.

7. Ajouter les légumes à la marinade et mélanger.

8. Laisser infuser la salade un court instant.

Salade de concombres et tomates avec saucisse

Portions : 5

Temps requis : 15-20 minutes

Ingrédients

500 g de tomates

500 g de concombre

1 saucisse de viande en forme d'anneau

1 oignon

½ bouquet de persil

½ Mug crème fraîche

vinaigre

huile d'olive

salin

poivron

<u>préparation</u>

1. Laver et trancher les tomates.

2. Laver le concombre, le couper en tranches.

3. Retirer les boulettes de la saucisse de viande, la couper en dés.

4. Mettre le vinaigre, le sel et le poivre dans un bol et mélanger.

5. Ajouter l'huile d'olive et mélanger.

6. Eplucher l'oignon, hacher.

7. Rincez le persil, secouez, hachez.

8. Ajouter les tomates, le concombre, la saucisse et l'oignon à la marinade et bien mélanger.

9. Ajouter le persil et plier.

Salade de poulet

Portions : 4

Temps requis : 15 minutes

Ingrédients

1 poulet frit prêt à l'emploi

1 salade de tête

1 pomme

2 tomates

3 œufs durs

1 petite boîte de champignons

10 olives espagnoles farcies au paprika

1 paquet de fromage à la crème

2 c. à table de lait en conserve

1 c. à table d'huile d'olive

jus de citron

salin

poivron

1 c. à table de persil haché

préparation

1. Nettoyez la salade, tapissez-en un bol en verre.
2. Eplucher et hacher la pomme.
3. Laver les tomates, les couper en petites tranches.
4. Peler les œufs, les couper en tranches.
5. Hacher le poulet et couper la viande en bouchées.
6. Mettre la pomme, les tomates, les œufs et le poulet dans un bol et mélanger.
7. Mettre le fromage à la crème, l'huile d'olive, le lait en conserve et le jus de citron dans un bol et bien mélanger.

8. Assaisonner de sel, poivre et moutarde.

9. Ajouter la marinade à la salade et mélanger.

10. Saupoudrer de persil.

Salade de chicorée

Portions : 4

Temps requis : 18 minutes

Ingrédients

4 endives vivaces

1 grosse pomme

1 œuf

4 c. à table de mayonnaise

4 c. à table de jus de citron

2 c. à table d'huile d'olive

1 c. à table de pâte de tomates

1 c. à thé de vinaigre

salin

poivron

Au goût : une pincée de sucre

préparation

1. Couper les tiges de la chicorée ; couper le reste en anneaux.

2. Laver la pomme, enlever le trognon et la couper en tranches.

3. Mettre les deux dans un bol et mélanger.

4. Mettre la mayonnaise, le jus de citron, le vinaigre et la pâte de toma-tes dans un bol et mélanger.

5. Assaisonner de sel et de poivre, assaisonner de sucre si nécessaire.

6. Ajouter l'huile, remuer.

7. Battre l'œuf dans un grand bol jusqu'à ce qu'il devienne mousseux.

8. Verser la marinade avec l'œuf mousseux sur la salade et mélanger. Laisser infuser la salade un court instant.

salade des Carpates

Portions : 4

Temps requis : 18 minutes

Ingrédients

4 tomates

1 concombre

vinaigrette

100 ml de crème sure

1 c. à table de fromage blanc faible en gras

1 c. à table de petits câpres

1 cuillère à café de moutarde aux herbes

1 cuillère à café de jus de citron

1 cornichon

1 c. à thé d'aneth haché

1 c. à thé d'estragon haché

salin

poivron

Au goût:1 cuillère à café de sucre

préparation

1. Laver le concombre et le couper en tranches avec la peau.

2. Laver et trancher les tomates.

3. Hacher le cornichon.

4. Mettre tous les ingrédients de la marinade dans un bol et mélanger.

5. Disposer les tranches de tomates et les tranches de concombre côte à côte sur une assiette.

6. Verser la marinade sur les légumes.

7. Servir.

salade de concombres

Portions : 4

Temps requis : 18 minutes

Ingrédients

laitue 3 têtes

1 petit concombre

2 œufs durs

1 c. à thé de moutarde

1 c. à table de vinaigre de citron

2 c. à table d'huile d'olive

salin

poivron

ciboulette surgelée hachée

TK-Borretsch haché

préparation

1. Laver le concombre, le couper en tranches.

2. Laver soigneusement les laitues, les couper en morceaux.

3. Retirer les jaunes d'œufs des œufs, les mettre dans un bol et les écraser.

4. Ajouter le vinaigre, l'huile, le sel, le poivre, la moutarde et mélanger.

5. Saler et poivrer.

6. Ajouter les herbes, mélanger.

7. Mettre la laitue et le concombre dans un bol et bien mélanger.

8. Ajouter la marinade, mélanger.

9. Hacher les blancs d'œufs et les saupoudrer sur la salade.

Salade de Macédoine

Portions : 4

Temps requis : 15 minutes

Ingrédients

500 g de tomates

½ Salade de concombres

2 poivrons

1 oignon

1 gousse d'ail

1 verre d'olives noires

1 verre d'olives vertes

300 g de fromage de brebis

3 c. à table d'huile d'olive

vinaigre

salin

poivron

persil

ciboulette

<u>préparation</u>

1. Eplucher l'oignon, hacher.

2. Eplucher l'ail, hacher.

3. Laver les poivrons, enlever les pépins, enlever l'écorce des fruits blancs et les couper en lanières.

4. Mettre l'huile, le vinaigre, le sel et le poivre dans un bol et mélanger.

5. Ajouter l'oignon, l'ail et le paprika et mélanger.

6. Laver et trancher les tomates.

7. Laver le concombre, le couper en tranches.

8. Couper le fromage en dés.

9. Juste avant de servir, ajouter les tomates, le concombre et le fromage au paprika et mélanger.

10. Rincez les herbes, secouez-les et hachez-les.

11. Garnir la salade d'olives et de fines herbes.

salade de thon

Portions : 4

Temps requis : 15 minutes

<u>Ingrédients</u>

1 boîte de thon

1 laitue

1 poivron rouge

4 œufs durs

1 boîte de rouleaux d'anchois

½ Olives vertes en verre

persil

3 tasses de riz cuit au goût

vinaigrette

2 c. à table de vinaigre de vin

1 cuillère à café de moutarde chaude

salin

poivre noir

préparation

1. Placer le thon dans une passoire, égoutter et ramasser.

2. Laver les poivrons, enlever les pépins, enlever l'écorce des fruits blancs et les couper en lanières.

3. Peler les œufs, les couper en deux.

4. Laver la laitue, la couper en gros morceaux.

5. Mettre les anchois dans une passoire et égoutter.

6. Mettre les olives dans une passoire et égoutter.

7. Mettez le tout dans un bol.

8. Mettre les ingrédients de la vinaigrette dans un bol, mélanger, verser sur la salade, mélanger.

9. Garnir d'œufs et d'olives, parsemer de persil.

Salade d'asperges

Les asperges peuvent être préparées le soir.

Portions : 2

Temps requis : 15 minutes

Ingrédients

625 g d'asperges

1 œuf dur

vinaigrette

3 c. à table d'huile

1 c. à table de vinaigre

2 cuillères à soupe d'herbes hachées (par exemple : ciboulette, persil, cerfeuil)

salin

poivron

Au goût : une pincée de sucre

préparation

1. Chauffer brièvement les asperges cuites la veille au soir et les disposer sur une assiette.
2. Peler l'œuf, le hacher.
3. Mettre tous les ingrédients de la vinaigrette dans un bol et mélanger.
4. Ajouter l'œuf haché, mélanger.
5. Verser la vinaigrette sur les asperges chaudes.

CONSEIL

Si vous préférez déguster la salade d'asperges froide, vous pouvez servir les asperges froides, servir la vinaigrette séparément dans de petits bols et tremper les asperges dans la vinaigrette.

salade de champignons

Portions : 2

Temps requis : 18 minutes

Ingrédients

1 petite boîte de champignons

1 œuf dur

½ Oignon

½ Citron

1 c. à table de cerfeuil haché

1 c. à table de mayonnaise

½ TL Fondor

poivron

préparation

1. Placer les champignons dans une passoire, égoutter et mettre dans un bol.
2. Presser le citron, ajouter le jus aux champignons.
3. Assaisonner avec le poivre, le fondor et le cerfeuil.
4. Ajouter la mayonnaise, mélanger.
5. Eplucher l'oignon, hacher.
6. Peler les œufs, hacher.
7. Ajouter l'oignon et l'œuf aux champignons et mélanger.

Légumes crus au chou-rave

Portions : 2

Temps requis : 18 minutes

Ingrédients

2 carottes

2 choux-raves

½ Tasses à yaourt

2 c. à table de crème

½ EL Jus de citron

salin

poivron

tabasco

<u>préparation</u>

1.   Chou-rave propre, grille.

2.   Carottes propres, grille.

3.   Lavez le vert des choux-raves, râpez finement.

4.   Mettre le chou-rave, les carottes et le chou-rave vert dans un bol.

5.   Mettre le jus de citron, le yaourt et la crème dans un bol et remuer jusqu'à consistance lisse.

6.   Assaisonner de sel, poivre et Tabasco au goût.

7.   Verser la vinaigrette sur les légumes et mélanger.

salade espagnole

Portions : 4

Temps requis : 10 minutes

<u>Ingrédients</u>

1 boîte de maïs

2 tomates

4 œufs durs à la cire

8 olives noires

4 c. à table de mayonnaise

1 cuillère à café de paprika

2 c. à table de crème

cresson

préparation

1. Mettre la crème, la mayonnaise et le paprika dans un bol et mélanger.

2. Verser le maïs dans un tamis, égoutter, ajouter à la marinade et mélanger.

3. Peler les œufs, les couper en deux et les étaler sur la salade.

4. Laver les tomates, les couper en quartiers et les étaler sur la salade.

5. Rincer le cresson, saupoudrer sur la salade.

salade de carottes

Portions : 2

Temps requis : 10 minutes

Ingrédients

3 carottes

2 pommes

½ Citron

1 c. à table de miel

salin

1 c. à table de persil haché

Quelques feuilles de laitue

1 c. à table de raisins secs

1 c. à table de noix

préparation

1. Nettoyer les carottes, les gratter en lanières.

2. Laver les pommes, les râper.

3. Mettre les deux dans un bol.

4. Presser le citron, ajouter le jus au mélange carotte-pomme.

5. Assaisonner de sel et de poivre, assaisonner de miel.

6. Saupoudrer le persil entier.

7. Poivrer la salade avec des noix et des raisins secs.

assiette de salade

Portions : 4

Temps requis : 18 minutes

<u>Ingrédients</u>

150 g de céleri-rave

2 tomates

½ Salade d'endives à la tête

1 c. à table de jus de citron

<u>vinaigrette</u>

2 c. à table de yogourt

2 c. à table de crème

2 c. à table de jus de citron

1 c. à table de persil haché

1 c. à table d'aneth haché

salin

Un peu de sucre au goût

<u>préparation</u>

1. Nettoyer le céleri, le râper et l'arroser de jus de citron.

2. Laver et hacher les tomates.

3. Nettoyer la salade d'endives et la couper en fines lamelles.

4. Mettre la crème et le yaourt dans un bol, fouetter.

5. Assaisonner de sel, de sucre et de jus de citron au goût.

6. Ajouter l'aneth et le persil et mélanger.

7. Mettre le céleri, les tomates et la salade d'endives dans un bol et mélanger.

8. Verser la vinaigrette sur la salade, mélanger et laisser reposer quelques instants.

Salade légère

Portions : 2

Temps requis : 18 minutes

Ingrédients

250 g de jambon cuit

3 œufs durs

1 branche de céleri

1 pomme

1 cornichon

vinaigrette

5 c. à table de mayonnaise

3 c. à table de yogourt maigre

1 c. à table de moutarde

salin

poivron

10 olives vertes pour la garniture

préparation

1. Couper le jambon en dés.

2. Peler les œufs, les couper en dés.

3. Laver le céleri, le couper en rondelles.

4. Laver la pomme, enlever le trognon, couper en dés.

5. Couper le concombre en dés.

6. Mettre les ingrédients de la vinaigrette dans un bol et mélanger.

7. Ajouter le jambon, le céleri, le concombre, la pomme et les œufs et mélanger.

8. Garnir d'olives.

salade pyrénéenne

Portions : 2

Temps requis : 18 minutes

Ingrédients

250 g de tomates

2 poivrons rouges

1 oignon

1 gousse d'ail

1 petit verre d'olives vertes farcies

200 g de fromage des Pyrénées

persil

A volonté : 250 g de haricots verts cuits

vinaigrette

vinaigre

lubrifier

fenouil

estragon

salin

poivron

préparation

1. Laver les tomates, les huitièmes.

2. Eplucher l'oignon, hacher.

3. Eplucher l'ail, hacher.

4. Couper le fromage en dés.

5. Couper les olives en tranches.

6. Le vinaigre, l'huile dans un bol donnent, mélanger.

7. Ajouter l'oignon, l'ail et les herbes, mélanger.

8. Si vous voulez ajouter des haricots, vous devez le faire maintenant.

9. Ajouter les tomates, le fromage et mélanger.

10. Ajouter les olives et mélanger délicatement.

11. Saupoudrer de persil haché.

assiette d'aliments crus

Portions : 1

Temps requis : 15 minutes

Ingrédients

2 tomates

1 carotte

¼ Choux-fleurs

Jus ¼ Citron

¼ Oignon

2 c. à table d'huile d'olive

salin

1 c. à table de mélange d'herbes hachées (persil, ciboulette, cerfeuil, estragon)

préparation

1. Laver les tomates, les couper en tranches.

2. Carottes propres, grille.

3. Chou-fleur propre, l'avion.

4. Eplucher l'oignon, hacher.

5. Laisser décongeler brièvement les herbes.

6. Le jus de citron, le sel, l'huile, l'oignon et les fines herbes préparent une vinaigrette. Si vous le souhaitez, vous pouvez assaisonner la vinaigrette avec une pincée de sucre.

7. Mettre les légumes dans un bol, ajouter la vinaigrette et mélanger.

Légumes crus aux épinards

Portions : 2

Temps requis : 18 minutes

Ingrédients

100 g d'épinards surgelés en feuilles

100 g de champignons frais

2 grosses tomates

1 c. à table de jus de citron

vinaigrette

½ Tasses à yaourt

1 c. à thé d'huile d'olive

2 c. à table d'herbes surgelées hachées (mélange d'herbes)

1 c. à thé d'huile d'olive

salin

poivron

tabasco

préparation

1. Égoutter les épinards décongelés, les essorer, enlever les tiges si nécessaire.

2. Nettoyer les champignons, les couper en fines tranches et les arroser de jus de citron.

3. Laver les tomates, les huitièmes.

4. Disposer les épinards, les champignons et les tomates dans une assiette.

5. Mettre les ingrédients de la vinaigrette dans un bol, bien mélanger et verser sur la salade.

salade aux herbes

Portions : 2

Temps requis : 15 minutes

Ingrédients

250 g de saucisse de jambon

4 anchois

2 œufs durs

2 tiges de persil

2 tiges de ciboulette

1 tige d'origan

2 tiges de basilic

cerfeuil

vinaigrette

1 sachet de mayonnaise

sel au céleri

sel d'oignon

vinaigre

poivron

préparation

1. Couper la saucisse de jambon en dés et la mettre dans un bol.

2. Hacher les anchois, les ajouter à la saucisse, mélanger.

3. Peler les œufs, les couper en dés, les ajouter au mélange de saucisses et d'anchois, mélanger.

4. Rincez les herbes, secouez-les et écrasez-les grossièrement.

5. Mettre le vinaigre, la mayonnaise, le poivre, le sel d'oignon, le sel de céleri dans un bol et mélanger.

6. Ajouter les herbes et le Dr4essing au mélange de saucisses et d'œufs, mélanger.

salade de volaille

Portions : 2

Temps requis : 15 minutes

Ingrédients

½ poulet grillé

2 tranches d'ananas

2 pommes

¼ Bâton de céleri

½ Tasse de crème fouettée

salin

poivron

paprika

sauce Worcester

<u>préparation</u>

1. Poulet en bouchées zerpflücken.

2. Couper l'ananas en tranches.

3. Laver les pommes, enlever le trognon et les couper en tranches.

4. Nettoyer le céleri, le couper en tranches.

5. Mettre le poulet, l'ananas, les pommes et le céleri dans un bol et mélanger.

6. Fouetter la crème, assaisonner de sel, poivre, paprika et sauce Worcester, ajouter au mélange poulet et fruits et mélanger.

salade mexicaine

Portions : 2-3

Temps requis : 15 minutes

<u>Ingrédients</u>

1 verre de grains de maïs (poids net égoutté : 300 g)

2 poivrons verts

6 olives paprika

2 tomates

<u>vinaigrette</u>

3 c. à table de jus d'orange

2 c. à table d'huile d'olive

2 c. à table de vinaigre

salin

poivron

paprika doux en poudre

Au choix : 1 cuillère à café de sucre

préparation

1. Placer le maïs dans un tamis, égoutter et placer dans un bol.

2. Laver les poivrons, enlever les pépins, enlever l'écorce des fruits blancs, couper en lanières, ajouter au maïs.

3. Blanchir les tomates avec de l'eau chaude, peler la peau, couper en dés, ajouter à la salade.

4. Couper les olives en tranches et les ajouter à la salade.

5. Mettre le jus d'orange, le vinaigre et l'huile d'olive dans un bol et mélanger.

6. Assaisonner au goût avec du sel, du poivre, du paprika et éventuellement du sucre.

7. Verser la vinaigrette sur la salade et mélanger.

8. Mettre brièvement la salade au réfrigérateur et laisser infuser.

Salade au Tabasco

Portions : 2

Temps requis : 18 minutes

Ingrédients

1 coeur de boeuf cuit

1 verre d'oignons argentés

10 olives vertes farcies

1 piment fort

vinaigrette

½ Coupe Ketchup

2 c. à table de mayonnaise

1 cuillère à soupe de crème

tabasco

salin

poivron

1 c. à table de persil haché

préparation

1. Couper le cœur de boeuf en lanières et le mettre dans un bol.
2. Placer les oignons argentés dans une passoire, égoutter et ajouter au cœur du bœuf.
3. Couper les olives en tranches, les ajouter au cœur de la viande et mélanger.
4. Lavez le poivre, hachez-le, mettez-le dans le bol et mélangez-le avec les autres ingrédients.
5. Mettre le ketchup dans un autre bol.
6. Ajouter la mayonnaise, la crème et mélanger.
7. Assaisonner de sel, poivre et Tabasco au goût.
8. Verser la vinaigrette sur la salade et mélanger.
9. Saupoudrer la salade de persil haché, puis laisser infuser.

Salade à la Milan

Vous pouvez préparer cette salade la veille au soir et la laisser au réfrigérateur jusqu'à ce qu'elle soit consommée.

Portions : 4

Temps requis : 18 minutes

<u>Ingrédients</u>

800 g de rôti de veau (restes du rôti du dimanche)

1 boîte de thon à l'huile

4 filets d'anchois

1 jaune d'œuf

¾ tasse d'huile d'olive

¼ Coupe de crème

¼ tasse de bouillon de viande clair

2 c. à table de jus de citron

salin

poivron

ketchup

3 c. à table de câpres

<u>préparation</u>

1. Couper la viande en fines tranches.

2. Mettre le thon avec l'huile, l'huile d'olive, le jaune d'œuf, les anchois, le jus de citron dans un mixeur et réduire en purée.

3. Pas à pas, ajouter la crème, le bouillon et mélanger.

4. Assaisonner au goût avec du sel et du poivre, du ketchup et du jus de citron.

5. Mettre la viande dans un bol, verser la vinaigrette sur la viande et laisser reposer.

Salade à la Palerme

Portions : 4

Temps requis : 18-20 minutes

<u>Ingrédients</u>

1 salade d'endives

1 poivron rouge

1 poivron vert

1 tubercule de fenouil

4 tomates

4 œufs durs

1 oignon de légumes

1 boîte de thon à l'huile

½ Salade de concombres

<u>vinaigrette</u>

1 c. à table de vinaigre

1 tasse d'huile d'olive

1 c. à table de moutarde

1 cuillère à café de sel

poivron

4 poivrons (verre)

1 verre d'olives farcies

<u>préparation</u>

1. Laitue propre, coupée en gros morceaux.

2. Laver les poivrons, enlever les pépins, enlever l'écorce des fruits blancs et les couper en lanières.

3. Laver le concombre, le couper en tranches.

4. Fenouil propre, coupé en tranches.

5. Laver et couper les tomates en quatre.

6. Peler les oeufs, les couper en quatre.

7. Verser dans un bol, mélanger.

8. Eplucher l'oignon, le couper en rondelles et l'ajouter à la salade.

9. Le vinaigre, la moutarde dans un autre bol donnent, mélanger.

10. Saler et poivrer.

11. Le thon à l'huile, ajouter l'huile d'olive, mélanger jusqu'à l'obtention d'une consistance crémeuse, verser sur la salade.

12. Garnir d'olives et de poivrons.

salade de nouilles aux pommes

Portions : 1-2

Temps requis : 18 minutes

Ingrédients

1 pomme verte

½ Salade de concombres

½ Avocat

100 g de quinoa

100 g de salade de roquette

3 c. à table de noix de cajou

vinaigrette

4 c. à table d'huile d'olive

3 c. à table de lait d'amande non sucré

1 c. à table de sirop d'agave

½ Citron

1 c. à thé de graines de pavot

salin

poivron

préparation

1. Laver les pommes, couper les nouilles longues à l'aide d'un couteau en spirale.

2. Lavez le concombre et faites des nouilles.

3. Laver la roquette et la mettre dans un bol avec les nouilles aux pommes et au concombre.

4. Couper l'avocat en deux, dénoyauter, retirer la chair, couper en dés, ajouter à la salade.

5. Chauffer une poêle enduite sans graisse, ajouter les noix de cajou et faire rôtir.

6. Presser le citron, recueillir le jus dans un autre bol, râper le zeste, ajouter au jus.

7. Mettre l'huile d'olive et le lait d'amande dans un bol et mélanger.

8. Ajouter 1 c. à thé de zeste de citron, 2 c. à thé de jus de citron et mélanger.

9. Ajouter le sirop d'agave et mélanger au batteur manuel.

10. Ajouter les graines de pavot, mélanger.

11. Saler et poivrer.

12. Verser la vinaigrette sur la salade et parsemer de noix de cajou.

Salade au feu

Portions : 1

Temps requis : 10 minutes

Ingrédients

1 salade de minerai

1 tomate

2 oignons nouveaux

3 c. à table de vinaigre de vin blanc

2 c. à table d'huile d'olive

1 c. à table de sirop d'érable

½ TL Poivre de Cayenne

salin

poivron

<u>préparation</u>

1. Retirer le pédoncule de la laitue, laver, égoutter et couper en lanières.
2. Laver et hacher la tomate.
3. Peler les oignons nouveaux et les couper en rondelles.
4. Mettre le vinaigre et l'huile dans un bol et mélanger.
5. Assaisonner de sel, poivre, sirop d'érable et poivre de Cayenne au goût.
6. Ajouter la salade, la tomate et l'oignon à la vinaigrette et bien mélanger.

5,8 Sauces et autres

Les nouilles, les légumes, la viande et le poisson sont parfois accompagnés de sauces. Nous avons élaboré différentes idées de recettes pour des sauces qui demandent moins de 10 minutes de travail et qui conviennent à de nombreux plats.

Sauce au curry oriental

Portions : 1-2

Temps requis : 7 minutes

Ingrédients

125 g de fromage blanc à la crème

125 g de fromage cottage

4 c. à table de crème

1 pomme râpée avec le zeste

sel

poivre

3 c. à thé de curry

safran

préparation

1. Mettre le fromage blanc et le fromage blanc dans un bol et mélanger.

2. Ajouter la crème et la pomme râpée et mélanger.

3. Assaisonner au goût de sel, poivre, curry et safran.

sauce au raifort

Portions : 1-2

Temps requis : 3 minutes

Ingrédients

150 ml de crème sure

40 g de noisettes râpées

3 c. à thé de raifort râpé

1 cuillère à café de jus de citron

sauce Worcester

salin

poivron

préparation

1. Mettre tous les ingrédients dans un bol et mélanger.

2. Si la sauce est trop mince, ajouter un peu de séré.

CONSEIL

Les amandes râpées peuvent aussi être utilisées à la place des noisettes.

sauce au cumin

Portions : 1-2

Temps requis : 5 minutes

Ingrédients

1 tasse de yogourt

1 coin fromage à la crème (62,5 g)

3 c. à table de jus de betterave

2 c. à thé de cumin

1 c. à table d'aneth haché

1 cuillère à café de jus de citron

salin

poivron

tabasco

préparation

1. Mettre le fromage à la crème et le yogourt dans un bol et remuer jusqu'à consistance lisse.

2. Ajouter le jus de betterave et le jus de citron et mélanger.

3. Ajouter le cumin, le sel, le poivre et l'aneth et mélanger.

4. Assaisonner au goût avec du Tabasco.

sauce de soja

Portions : 1-2

Temps requis : 8 minutes

<u>Ingrédients</u>

2 sacs de mayonnaise

3 c. à table de crème sucrée

1 c. à table de sherry sec

1 cuillère à soupe de sauce soja

½ au sirop d'érable mariné, gingembre et prune haché

1 œuf à la coque

salin

<u>préparation</u>

1. Mettre la mayonnaise dans un bol.

2. Ajouter la crème, mélanger.

3. Ajouter le xérès, la sauce soja, mélanger.

4. Ajouter le gingembre et la prune hachés et mélanger.

5. Eplucher l'œuf, le hacher, l'ajouter à la sauce.

6. Assaisonner avec un peu de sel.

sauce aux herbes

Portions : 1-2

Temps requis : 10 minutes

<u>Ingrédients</u>

2 sacs de mayonnaise

1 c. à table d'aneth haché

1 c. à table de persil haché

1 c. à table d'estragon haché

1 cuillère à café de jus de citron

salin

poivron vert

Un peu de sucre au goût

préparation

1. Mettre la mayonnaise dans un bol.

2. Ajouter les herbes hachées et mélanger.

3. Assaisonner de jus de citron, saler et poivrer, assaisonner de sucre si nécessaire.

CONSEIL

On peut aussi utiliser du yogourt ou de la crème sure à la place de la mayonnaise.

couscous

Portions : 4

Temps requis : 12-15 minutes

Ingrédients

250 g de couscous

2 boules Mozzarella

8 tomates cocktail

2 c. à thé de basilic séché

1 c. à table d'huile d'olive

1 cuillère à café de sel

poivre concassé

ail

400 ml d'eau

<u>préparation</u>

1. Verser l'eau dans une casserole, porter à ébullition.

2. Ajouter le sel et le basilic et mélanger.

3. Ajouter le couscous.

4. Laisser mijoter à feu moyen jusqu'à ce que la plus grande partie de l'eau ait été absorbée.

5. Retirer du feu, couvrir la casserole avec le couvercle et laisser reposer pendant 4 minutes.

6. Laver les tomates, les essuyer, les couper en quatre.

7. Égoutter la mozzarella et la couper en tranches.

8. Remettre la casserole avec le couscous sur la plaque de cuisson, laisser mijoter à feu moyen pendant encore 1 minute, en remuant.

9. Répartir le couscous sur deux assiettes, répartir les tomates et le fromage sur l'ensemble.

10. Assaisonner de poivre et d'ail.

11. Arroser d'huile d'olive.

Résumé de l'étude

Nous arrivons à la fin de notre petit guide. Nous traitons de la nutrition cétogène et vous avons donné un bref aperçu de cette forme de nutrition.

Le régime cétogène est très similaire au régime pauvre en glucides ; dans les deux régimes, les aliments riches en glucides sont très rarement ou pas du tout sur la table. Le corps est ainsi contraint de puiser son énergie dans les réserves de graisse. Ceci vide les dépôts de graisse et vous perdez du poids sans avoir faim. Avec les deux formes de nutrition, l'effet yo-yo est éliminé en raison de la teneur élevée en protéines et en graisses.

Il existe quatre types différents de nutrition cétogène - nous vous les avons présentés au chapitre 1.2. Avec les trois premiers types, les aliments riches en glucides ne viennent que très rarement ou pas du tout sur la table ; avec le quatrième type, la nutrition cétogène cyclique, les glucides sont autorisés.

Nous vous avons montré comment fonctionne le régime cétogène et au chapitre 2, nous traitons de la santé. Il s'agit également de savoir qui convient à une alimentation cétogène et qui doit s'abstenir de cette forme d'alimentation.

La nutrition était au cœur du chapitre 3 ; dans les sous-chapitres, nous avons traité des aliments qui sont rarement ou pas du tout à servir et des aliments qui sont également autorisés en grandes quantités.

Logiquement, les travailleurs ont peu de temps et ne veulent pas le passer à cuisiner. C'est compréhensible, c'est pourquoi nous vous présenterons brièvement le de Vorkochens ou la préparation des repas au chapitre 4. Les recettes que vous y trouverez sont incluses dans notre univers de recettes.

Venons-en maintenant à notre univers de recettes, dans lequel nous vous présentons des recettes dont le temps de travail se situe entre 10 et 20 minutes. Nous vous demandons de bien vouloir comprendre que nous ne pouvons indiquer que les durées que nous connaissons grâce à notre art culinaire. Nous pensons cependant que vous travaillez dans votre cuisine à votre propre rythme et que vous ne dépassez que de quelques minutes le temps que nous vous avons fixé.

Dans notre univers de recettes, vous trouverez des recettes de soupes, nou-illes ou substituts de nouilles, viandes, saucisses, volailles, poissons, œufs, fromages, légumes et bien sûr salades. Nous avons remplacé les nouilles habituelles par des nouilles en verre. Bien sûr, vous pouvez aussi utiliser des nouilles „normales" ou bien des nouilles de soja. Si vous choisissez le régime cétogène cyclique, vous pouvez consommer des glucides, ce qui est également autorisé pour les autres régimes cétogènes. Vous ne devez faire attention qu'à moins de 50 % de glucides.

Nous espérons que vous apprécierez notre guide et que vous prendrez plaisir à cuisiner et à savourer.

Mentions légales (allemand)

Club de cuisine est représenté par :

Instyle Supply and Control Limited
20e étage, tour centrale, 28
Queen's Road, Central, HK

images de couverture
[creativelog][Fiverr]

Responsabilité pour les liens externes

Le livre contient des liens vers des sites Web externes de tiers sur le contenu desquels l'auteur n'a aucune influence. Par conséquent, aucune garantie ne peut être prise en charge pour le contenu des contenus externes. Le fournisseur ou l'exploitant respectif de la page d'accueil est responsable du contenu des pages liées. Au moment de l'établissement du lien, les pages liées ont été contrôlées quant à d'éventuelles violations de la loi. Les contenus illégaux n'étaient pas reconnaissables au moment de la création des liens. Un contrôle permanent du contenu des sites liés n'est pas raisonnable sans preuve concrète d'une violation de la loi. Dès qu'ils prennent connaissance d'une violation de la loi, ces liens seront immédiatement supprimés.

Avis de non-responsabilité et informations générales sur des sujets médicaux : Les contenus présentés ici servent exclusivement à l'information neutre et à la formation continue générale. Ils ne constituent pas une recommandation ou une publicité des méthodes diagnostiques, des traitements ou des médicaments décrits ou mentionnés. Le texte ne prétend pas être complet et l'actualité, l'exactitude et l'équilibre des informations fournies ne peuvent être garantis. Le texte ne remplace pas l'avis professionnel d'un médecin ou d'un pharmacien et ne peut servir de base à un diagnostic indépendant ni au début, à la modification ou à l'interruption du traitement des maladies. Consultez toujours votre médecin de confiance si vous avez des questions ou des plaintes concernant votre santé !

www.ingramcontent.com/pod-product-compliance
Lightning Source LLC
Chambersburg PA
CBHW071002050326
40689CB00014B/3453